KB203032

체코 종교개혁자
안 후스를 만나다

Tomáš Butta
SEZNÁMENÍ
s Mistrem Janem
Pohledy na českého reformátora Jana Husa a úryvky z jeho spisů
Církev československá husitská, Praha 2014

체코 종교개혁자
얀 후스를 만나다

2015년 5월 15일 초판 1쇄 발행
2022년 8월 25일 초판 4쇄 발행

지은이 | 토마시 부타
옮긴이 | 이종실
펴낸이 | 김영호
펴낸곳 | 도서출판 동연

등 록 | 제1-1383호(1992. 6. 12)
주 소 | (우 121-826) 서울시 마포구 월드컵로 163-3
전 화 | (02) 335-2630 팩 스 | (02) 335-2640
이메일 | yh4321@gmail.com

ISBN 978-89-6447-273-6 03200

※ 이 도서의 국립중앙도서관 출판예정도서목록(CIP)은 서지정보유통지원시스템 홈페이지
(http://seoji.nl.go.kr)와 국가자료공동목록시스템(http://www.nl.go.kr/kolisnet)에서
이용하실 수 있습니다.(CIP제어번호: CIP2015013321)

체코 종교개혁자
얀 후스를 만나다

토마시 부타 지음

이종실 옮김

동연

존경하는 독자 여러분,

저는 체코 종교개혁 역사와 유산과 그의 중요한 대표자 마스터 얀 후스에 대한 한국 독자 여러분의 관심으로 인해 매우 기쁩니다.

후스가 살았던 14, 15세기 전환의 시기는 시간적으로 우리로부터 아주 멀리 떨어져 있습니다. 게다가 위치적으로도 중부 유럽에 위치한 우리나라는 여러분들로부터 멀리 떨어져 있습니다. 그러나 우리가 어느 시대에 어디서 살던지 우리에게는 진리를 아는 것에 대한 갈망이 있고, 얀 후스가 자신의 시대에 믿음의 용감한 증언을 하였던 인간 존엄의 가치와 씨름을 하고 있습니다.

여러분에게 하나님의 자비와 그리스도의 평화가 충만하시길 기원합니다.

토마시 부타

"내가 성경을 알았을 때"

신재식(호남신학대학교 조직신학)

"나는 자신의 악한 욕망 때문에, 어렸을 때 빨리 사제가 되어 좋은 집에 살며 화려한 옷을 입고 사람들의 존경을 받으려고 했다. 그러나 성경을 알게 되면서 그것이 악한 욕망임을 알았다."

『체코 종교개혁자 얀 후스를 만나다』는 마음을 울리는 책입니다. 신학 관련 책을 읽으면서 머리보다 마음이 먼저 움직이는 경우는 상당히 드뭅니다. 그런데 "내가 성경을 알았을 때"라는 후스의 고백을 들으면서 이 책은 가슴으로 읽게 됩니다. 후스의 고백은 모든 사람이 침묵하는 깜깜한 밤에 밝힌 복음의 횃불입니다.

종교개혁 500주년을 앞두고 종교개혁자들과 종교개혁에 관련된 이런저런 책들이 계속해서 선을 보이고 있습니다. 그렇지만 한국에서 종교개혁의 선구자 후스에 관한 책은 여전히 드뭅니다. 후스를 다룬 이 책은 그래서 상당히 반갑습니다.

이 책은 후스를 우리에게 간략하게 소개하고 있지만, 연대기적인 설명은 아닙니다. 오히려 후스 자신의 생생한 목소리를 통해, 지성인이며 설교자, 교사, 작사자, 신학자, 종교개혁자, 목회자였던 후스를 다양한 시선에서 조명하고 있습니다. 게다가 이 책은 부록으로 체코 종교개혁의 역사와 프라하에 어려 있는 종교개혁의 흔적을 담고 있습니다. 프라하에서 체코 종교개혁 배경과 이면을 좀 더 자세히 설명하기에 수업과 종교개혁 현장을 탐방하는 데 아주 유용합니다. 그래서 이 책은 알찬 종합선물세트입니다.

이 책은 두껍지 않은 분량이지만 우리에게 던지는 무게는 훨씬 무겁습니다. 600년 전에 발언된 후스의 담백한 목소리가 지금 한국의 목회자와 신학자들에게 여전히 유효하고 진솔하기 때문입니다. 후스는 한국 교회 복음의 상당 부분이 향신료를 잔뜩 덧입혀 그 원재료의 맛이 무엇인지 알 수 없게 된 유효기간이 지난 '즉석식 복음'이라는 것을 일깨웁니다. 더 나아가 우리에게 복음의 본래 정신으로 신앙의 본래 자리로 돌아오라고 요구합니다. 우리가 익숙하고 편한 '상한 복음'으로 가득한 온실에서 떠나 광야로 나가라고 요구합니다. 그래서 이 책은 참된 신앙의 길을 고민하는 사람에게 도발적이고, 그 길을 걷는 모험을 감수하도록 이끕니다. 그렇기에 이 책은 위험합니다.

이 책을 신앙인의 마음으로, 교사의 마음으로, 목사의 마음으로, 신학자의 마음으로 함께 읽을 수 있기를 바랍니다. 솔직 담백한 후스의 목소리가 한국 교회와 목회자와 신학자에게 자신을 다시 성찰하게 하는 다림줄이 되기를 희망합니다. 올 여름 프라하 현장에서 맞게 될 후스 순교 600주년 행사가 기대됩니다.

평화를 위한 개혁자 체코의 얀 후스

홍지훈(호남신학대학교 종교개혁사)

체코 프라하의 종교개혁자 얀 후스는 마르틴 루터에 비하여 덜 알려진 개혁자이지만, 종교개혁사를 연구하는 학자들에게는 매우 중요한 인물입니다. 왜냐하면 루터의 종교개혁적인 주장들이 후스에 의하여 이미 100년 전에 선포되었기 때문이며, 루터 자신도 얀 후스를 매우 높게 평가하기 때문입니다.

보통은 얀 후스를 종교개혁 이전 개혁운동(Vorreformation)의 한 인물로 표현하지만, 일부 학자들은 후스를 "제1의 종교개혁자"로 칭하기도 할 만큼, 그의 개혁운동을 중요하게 여깁니다.

그동안 얀 후스의 종교개혁을 공부할 때에 체코 고어로 되어 있는 자료에 접근성이 떨어져, 라틴어나 독일어 또는 영어번역 자료만 이용하는 한계가 있었습니다. 이번에 토마시 부타(Tomaš Butta) 박사의 최근 저서인 후스 전기가 체코 선교사 이종실 목사에 의하여 신속하게 번역 소개된 것은, 후스 관련 자료에 목말라하던 이들에게 단비와 같은 소식입니다.

이 책은 그동안 후스라는 인물의 전체적인 활동보다는 그의 종교개혁적인 교회비판만 읽었던 연구자들에게 폭넓은 후스의 진면목을 소개해 줍니다. 더구나 저자의 탁월한 연구는 후스의 설교문들과 연설문의 일부도 읽고 감동을 느낄 수 있도록 해주고, 그동안 잘 몰랐던 후스의 활동들을 자세히 소개해 줍니다.

올해는 콘스탄츠 공의회에서 후스가 화형을 당한 지 600주년이 되는 해이기 때문에 후스의 전기가 우리말로 출판된 것은 매우 의미 있는 일이라고 생각합니다. 종교개혁은 기독교 역사의 매순간마다 필요했고 또 진행되었던 일입니다. 개혁 없이 교회가 존재할 수 없기 때문입니다. 그러므로 루터보다 100년 앞선 종교개혁자 후스의 생애와 사상을 소개하는 일은 반드시 필요합니다. 이를 통하여 종교개혁의 본래적인 의미를 되새길 수 있기 때문입니다.

더구나 이 책은 자칫하면 어렵게 느낄 수 있는 종교개혁 이야기를 쉽게 풀어서 전달하고 있기에, 신학을 공부하는 전문가들뿐만 아니라 교회개혁에 대하여 관심 있는 모든 그리스도인에게도 추천할 만한 책입니다. 그리고 번역자 이종실 선교사는 지난 20여 년 동안 체코 교회와 협력선교를 하면서 교회의 본질을 찾기 위한 노력과 함께 얀 후스 종교개혁에 대한 연구를 진행하였습니다. 이 도서의 부록으로 체코 교회 약사와 후스 개혁 현장에 대한 설명을 추가한 것도 그런 준비 덕분입니다.

후스 전기의 한국어판 출간을 환영하면서, 교회 개혁에 목말라하는 모든 분에게 600년 전 목숨까지 바치며 복음의 본질을 지키고자 노력한 후스 전기의 일독을 진심으로 권합니다.

| 감사의 글 |

후스의 전체 사상을 한눈에 조명할 수 있는 좋은 책을 집필 발간을 하고 한국어 번역을 흔쾌히 허락해 준 토마시 부타 박사께 감사를 드립니다. 책에 나오는 체코어 고어로 된 후스의 글들을 독해할 수 있도록 도와주고, 번역을 교정해 준 마르타 부슈코바 박사께도 진심으로 감사를 드립니다. 또한 한국에서 이 책이 출판될 수 있도록 도와준 여러분들께도 진심으로 감사를 드립니다.

2015년 얀 후스 순교 600주년을 맞이하여 한국 교회와 독자들에게 다소 생소한 체코 종교개혁자 얀 후스를 소개하게 되어 기쁩니다. 한국에 널리 알려진 세계 종교개혁자로 루터와 칼빈이 대표적이지만, 그들의 종교개혁 프로그램은 새로운 것이 아니라 이미 100년 전 체코에서 일어난 종교개혁에서 온 것입니다.

그러나 힘없는 소수 민족의 실패한 종교개혁은 지금까지 한국에서 거의 관심을 받지 못했습니다. 비록 소책자이지만 얀 후스의 활동의 어느 한 부분이 아니라 전체를 조명하였기 때문에 한국 독자가 생소한 인물을 만나는 데 도움을 줄 수 있을 뿐 아니라, 더 많은 호기심과 연구를 자극하는 데 기여할 것을 기대해 봅니다.

체코 땅에서 종교개혁의 여명이 일어난 14세기 초부터 체코 종교개혁이 좌절되는 1621년까지 종교개혁파는 내부적으로 복잡한 갈등과 협상의 과정을 겪습니다. 그 이후 재가톨릭화의 반종교개혁의 엄동설한과 같은 박해 속에서도 체코 종교개혁의 불씨는 완전히 꺼지지 않고 1918년 개혁파들이 공식적으로 지상에 자신들의 교회를 세울 때까지, 오히려 많은 개혁 사상과 뛰어난 신앙의 유산들이 축적되었습니다.

한국 독자들을 위해 부록으로 체코 종교개혁 역사 진행과정을 연대기적으로 서술하였습니다. 부록의 글은 번역자가 이지 오뗴르의 "중부 유럽의 첫 연합교회, 체코형제복음교회" 소책자를 참고하였습니다. 그리고 유럽 종교개혁 유적지를 탐방할 때 짧은 일정이지만 프라하에서 얀 후스를 더 깊이 만날 수 있도록, 김진아 씨가 번역한 이지 오뗴르의 책『걸어서 가보는 프라하 종교개혁 이야기』(한국장로교출판사, 2012)에서 얀 후스와 관련된 부분을 발췌하여 요약 정리하였습니다. 인명과 지명의 한글 표기는 한글 국립국어원의 체코어자모 한글표기법을 따랐습니다.

'진리'를 더욱 명료하게 드러냈던 얀 후스의 개혁신앙이 최근 점증하는 한국 교회의 미래에 대한 염려와 교회개혁을 실천하는 한국 교회들에게 신앙유산으로 계승될 수 있기를 진심으로 기원합니다.

이종실

| 목차 |

1

서론

존경하는 독자 여러분,

후스 기념일이 떠올려지는 2015년은 교회와 세상을 관통하는 체코 종교 사상가이며 개혁자인 후스와 더 가깝게 알게 되는 기회이다. 순교 600주년인 마스터(역자주: 학위 이름) 얀 후스와의 만남은 단지 역사가나 신학자, 철학자 그리고 다른 전문가들의 과제만이 아니라 후스의 유산을 선언한 교회의 교인과 지지자들에게 그리고 마찬가지로 일반 사회 사람들에게도 특별한 기회이다.

후스와 만나려면 특별히 후스가 말하게 하고 그리고 그의 글들을 읽는 것이 필요하다. 이것이 세 부분으로 구성한 이 책의 목적이다. 그의 몇몇 글에서 선택하여 모은 문장들은 우리에게 이 체코 종교개혁자의 사상과 실천, 믿음에 대한 견해를 더 자세하게 살펴볼 수 있게 해준다.

책의 첫 번째 부분은 마스터 얀 후스가 자신에 대해서 말한 것이나 또는 극적인 삶의 이야기의 중요한 상황에서 결정을 묘사하고 있는 문학적 자료의 글들을 포함하고 있다. 믿을 수 있는 뛰어난 증언으로서 그의 편지는 이러한 방향에서 유일한 자료가 된다.

두 번째 부분은 그의 글들에서 발췌한 것들을 근거로 한 후스의 업적에 대한 관점들이다. 제일 먼저 대학교의 학자와 연설의 내용과 형식 모두 능력 있는 연설가로서 후스가 소개된다. 다른 인용들은 얀 후스를 복음의 설교자, 백성들의 기독교 교육자, 오늘날에 기독교 교회에서 불리고 있는 영가의 저자, 성경과 교회 전통에 뿌리를 내리고 있는 비판적인 신학자, 그리고 사회와 개인에 대해 관심이 있는 목회자로 소개하고 있다.

세 번째 부분에서 후스가 남긴 유산과 후스라는 인물의 종교적 차원과 관련하여 어제와 오늘날의 시사성에 대한 간단한 평가들이 추가된다. 성경 내용에 대한 기본 지식 없이 그의 글들을 읽는 것은 이해할 수 없고 난해하다는 것을 후스의 글들이 보여줄 것이다. 후스의 사상과 실천은 성경에 의해 그리고 기독교 가치에 의해 결정되었다.

이 소책자로 후스에 대해 숙고하고 질문하고 대화하고, 후스의 유산에 대해 더 자세하게 연구하도록 자극하는 데 도움이 되기를 희망한다. 이 인물과의 더 깊은 만남을 위해 그의 글들과 그 시기의 원사료들을 직접 만나야만 하고, 새로운 문헌과 옛날 문헌에 몰두해야 한다. 후스는 시대를 초월한 활동으로 관심을 끌었고, 체코 민족에게 영향을 주고 있지만, 동시에 체코 나라와 체코 역사와 시대를 넘어서는 사람이다. 마스터 얀 후스에 대한 소개는 옛날 역사의 사람에게로 인도하는 방법이지만, 동시에 특별한 방법으로 우리에게 매우 가까이 있는 사람이 되게 한다.

토마시 부타

2

예수 복음의
진리에 대한
투쟁과 생애

대부분의 현대 역사가들은 후스가 태어난(1371년경) 곳을 남보헤미아의 후시네츠(Husinec) 마을이라고 생각한다. 그 시골집이 현재 남아 있으며, 그곳은 소위 "후스의 작은 거실"이라고 부르는 가장 기념적인 장소이다. 집 복도를 통해 나무 계단을 따라 거실 안으로 들어가게 된다. 거실 입구 맞은편 안쪽에는 '아궁이가 있는 재래식 부엌'(černá kuchyně)이 있다. 여기서 얀 후스(Jan Hus)가 태어났다고 전해지며, 그곳에서 어린 소년 시절을 보냈다. 전해지는 이야기에 따르면 남체코에서 귀양 생활을 할 때 마스터 얀 후스는 이 집 창문에서 마을 사람들에게 설교를 했다고 한다. 17세기 증언에 따르면, 사람들이 체코 종교개혁자로 존경하여 후스의 집에서 심지어 나무 조각을 떼어 가져갔다고 한다. 집 주위의 환경과 문화재로 지정된 현재 주택은 마스터 얀 후스가 가난하고 아주 소박한 가정 출신이었음을 상징적으로 보여준다. 그리고 그의 가난에 대해 15세기 이종성찬주의자 사제 이르직 헤레미타(Jiřík Heremita)가 후스의 자서전에서 강조하였다.

"신실하고 성스러운 사람 마스터 얀 후스는 후시네츠라고 불리는 마을 출신이었다. 그는 가난한 부모에게서 태어났으며, 검소한 사람이었다. … 얀 후스는 선지자 사무엘처럼 그의 어머니에 의해 소년시절부터 주 하나님께 바쳐졌다. 그의 어머니는 빵을 구워서 교장 선생

에게 갖다 주기 위해서 아들을 데리고 프라하티체(Prachatíce)에 있는 학교로 가는 도중에 길에서 일곱 번 무릎을 꿇으며 기도하기를, 자신의 아들이 겸손하게 하나님을 섬기며, 찬양을 돌리고 하나님의 백성들에게 유익을 가져다주는 사람이 되게 해달라고 하였다."[1]

후스는 매우 가난한 환경에서 살았던 어린 시절에 대해 자신의 "주석"(Výklad)에 다음과 같이 기록하고 있다.

"… 내가 어린 시절에 배고팠을 때, 흘레바(역자주: 체코인들이 일반적으로 먹는 호밀 식빵)로 숟가락을 만들어 콩 수프를 떠서 먹다가 다 먹으면 그 숟가락도 먹었다."[2]

소년 시절에 대한 그의 또 다른 기억으로 그의 글 "성직 매매에 대하여"(O svatokupectví)는 그가 얼마나 사제가 되기를 소망했는가를 기록하고 있다. 그리고 그 글에서 표면적인 동기와 당시 성직자가 좋아했던 교회 공동체의 명성에 대한 열망 때문에 그가 사제가 되려고 했음을 밝혔다.

"나는 자신의 악한 욕망 때문에 어렸을 때 빨리 사제가 되어 좋은 집에 살며 화려한 옷을 입고 사람들의 존경을 받으려고 했다. 그러나 성경을 알게 되면서 그것이 악한 욕망임을 알았다."[3]

교회사학자 아메데오 몰나르(Amedeo Molnár)는 후스의 유명한 연설 "내가 성경을 알게 되었을 때"(Když sem Písmu srozuměl)를 언급한다.[4]

후스는 두드러진 급진적 크리스천이거나 크로메르지시의 밀리치(Milíč z Kroměříže)처럼 강한 신비주의 체험자도 아니지만, 후스는 내적 변화와 점차적으로 영적 성숙을 경험하였다. 그 성숙을 통해 성경과 학업은 위대한 역할을 하였다. 성경과 학업을 통해 후스는 살아 있고 실질적인 예수 그리스도의 복음의 메시지를 점점 더 분명하게 깨달아 갔다. 얀 후스는 기독교 믿음의 깊이와 진실성에 대한 자신의 내적 싸움을 수행하였다.

후스가 자신의 사제직을 매우 진지하게 이해한 이후에 했던 증언들은 자신의 천박성과 의상을 좋아하는 허영심이 위험하다는 사실을 깨닫기 시작하였음을 보여준다. 나중에 자신의 제자인 마스터 마르틴에게 다음과 같이 썼다.

채색 사본의 체스 놀이

"내가 두려워하는 것은, 자네가 좋은 옷에 집착하는 것과 무절제한 삶을 바꾸지 않아, 하나님으로부터 심한 비판을 받는 것이네. 좋은 옷에 대한 집착과 무절제한 삶을 살았던 불행한 나도 비판을 받을 것이네. 나는 사람들 사이에서 하나님을 대적하는 교만으로 상처를 받아 사람들의 나쁜 습관에 빠졌었네. 그래서 자네는 어린 시절부터 내가 말한 것과 공개적인 연설들을 아주 잘 알기 때문에 더 이상 길게 설명할 필요가 없을 것이네. 그러나 자네에게 예수 그리스도의 자비하심을 간구하노니, 나와 같은 경솔함을 따르지 않기를 바라네. 자네도 잘 알듯이 나는 성직자가 되기 전에 체스 게임을 좋아하였고, 시간을 허비하였으며 그리고 자주 나 자신과 다른 사람에게 이 놀이로 화를 냈다네. 내가 셀 수 없는 많은 실수를 범하였기에, 가장 자비로우신 우리 주님께서 자네를 용서해 주시길 간구하네."[5]

다른 편지에서 자신의 제자에게 다음과 같이 썼다.

"내가 하나님의 이름으로 자네에게 요청하네. 유감스럽게도 내가 입었던 멋진 예복을 좋아하지 말기 바라네. 내가 설교하는 겸손한 백성들에게 나쁜 모본을 보이지 말기 바라네."**6**

마스터 얀 후스는 시골 고향에서 프라하로 떠났고, 그에게 카렐 대학에서 교육과 활동을 하는 길이 열렸다. 1409년을 우리는 후스의 성장과 성공과 영광이 최고조에 달했던 해로 이해할 수 있다. 이 해에 후스는 카렐 4세가 세운 프라하 대학교(역자주: 카렐 대학교라고도 함)의 수장으로 임명되어, 대학교 총장(rector universitatis)이 되었다. 총장은 비단으로 만든 학위모와 반지와 대학교 규정집을 지니는 권한을 가졌다. 총장 선출과 임명식은 선출된 사람이 많은 존경을 받는 대축제였다. 후스가 1409년 10월에 새롭게 선출된 총장으로 했던 연설이 현재 남아 있다. 총장 연설은 마태복음서에서 선택한 "청함을 받은 자는 많되 택함을 입은 자는 적으니라"(마 22:14) 요절에 기초하고 있다. 후스는 카롤리눔(역자주: 카렐 대학교 본관)에 모인 학자들 앞에서 아주 겸손하게 연설을 하였다. 세련된 레토릭이나 진부한 일반적인 행사 연설이 아니라 그의 개인의 신앙고백이었다. 겉치레의 태도가 아니라 예수 그리스도를 따르는 제자의 진실한 태도였다.

후스는 탁월한 존경을 받았음에도 불구하고 내면적 독립과 두려워함과 겸손의 태도를 견지하였다.

"내 안에 삶의 거룩성도, 섬김을 위한 유용성도, 분명한 깨달음도 빛나지 않는데, 선출되고 임명되기 위한 조건이 저에게 충분하지도 않는데, 아이쿠. 칭찬에 흔들리고 부끄럽습니다. 그러므로 불안 속에서 주제 연설도 두려우며…, 끊임없이 기억하고 있는 것은 청함을 받은 자는 많되 택함을 입은 자는 적다는 말씀입니다. 진실로 저는 두려워 떨지 않으면 안 됩니다. 그러나 저뿐만 아니라 여러분 모두가 그래야 합니다. 모두가 오직 하나님의 자비하심을 기대하여야 하고, 어느 누구도 자신의 힘을 믿고 자만해서는 안 됩니다."[7]

1402년에 설교자가 된 대학 베들레헴 채플에서 당시에 이미 인정받는 대중적인 설교자가 되었다. 1409년이 후스의 명성이 절정에 달한 해였다면, 그의 인생에서 두 번째 중요한 전환의 시점은 1412년이 된다.[8] 갈등과 불화의 해였다.

프라하에서 면죄부가 판매되었고, 시위로 젊은 사람들이 죽었으며, 성무금지령(역자주: 개인이나 특정한 지역에 내려지는 처벌로서 일시적인 예배행위 금지)이 내려졌다. 그해에 후스는 그리스도에게 항의서를 쓰고 프라하를 떠나 도피를 한다. 우리에게 후스의 내면을 탐구할 수 있고, 그의 어려운 결정들과 그의 양심의 투쟁을 이해하게 할 수 있는 원사료로 다시 돌아가 보자. 여기서 자신의 제자들과 베들레헴 채플의 동역자들 — 밀리친의 미쿨라시(Mikuláš z Milíčína), 볼린예의 마르틴(Martin z Volyně) 그리고 하벨(Havel) — 에게 보낸 편지를 살펴보자. 후스는 그들에게 1412년에 다음과 같이 편지를 썼다.

"하나님의 말씀을 설교하려는 나의 열정적인 노력을 슬픔으로 채우고 있소. 내가 무얼 해야 할지 알지 못하기 때문이오. …"[9]

후스는 프라하를 떠나 도피할 것인지 아니면 프라하에 남아 있어야 할 것인지에 대한 질문 앞에 서 있다. 그 대답을 그는 성경에서 찾으려 한다. 그러나 성경은 유일한 정답을 주지 않는다. 한편 그는 요한복음 10장의 예수님 말씀을 인용한다: "선한 목자는 양들을 위하여 목숨을 버리거니와, 삯꾼은 목자가 아니요, 이리가 오는 것을 보면 양을 버리고 달아나나니"(요 10:11-12). 그러나 동시에 제자들에게 하신 예수님의 반대되는 말씀을 인용한다: "이 동네에서 너희를 박해하거든 저 동네로 피하라"(마 10:23). 후스는 이 시점에서 예수님의 어떤 말씀이 자신을 위한 것인지 모른다. 그래서 전통으로 돌아가, 교부 아우구스티누스(Augustin)에게서 대답을 찾아보지만 자신의 결정을 위한 지지를 그에게서 찾지 못한다. 그래서 제자들과 친구들 그리고 동역자들에게 편지를 보내 조언을 구하였다. 무엇이 더 낫는가? 신자들 가까이 있으면서 그들에게 설교하고, 성무금지를 반대하기 위해 프라하에 남아야 하는가? 아니면 프라하를 떠나, 당시 교회 지도자들에 의해 프라하 지역에 선포한 신자들의 치리를 해제해야 하는가? 후스는 어려운 결정을 하나님께 내려놓았다. 편지의 결론에 다음과 같다.

"겸손하게 기도하오니, 전능하신 주님이 내가 무엇을 할지 가르쳐 주시고, 우리를 겸손하게 낮추어 주사, 비참한 내가 현재의 상황에서 정의의 좁은 길을 벗어나지 않게 하옵소서…."[10]

결국 후스는 프라하를 떠나 시골로 내려간다. 그의 피난처는 남체코의 '코지 흐라덱 우 세지모바 우스티'(Kozí Hrádek u Sezimova Ústí)였다. 시골에서 교회의 성무금지 기간에 후스는 사람들에게 체코어로 설교하였으며, 그와 동시에 라틴어와 체코어 글들을 썼다. 자기 친구들과 베들레헴 채플 부근의 신자들과 함께 편지로 교제를 하였다. 후스가 도피하여 쓴 많은 편지들은 바로 프라하 사람들에게 쓴 것이었으며 그리고 그들을 믿음과 하나님의 말씀의 진리에 거하도록 격려하였다. 그는 어떤 편지에서 다음과 같이 쓴다.

"… 가장 사랑하는 여러분에게, 언제나 여러분을 기억하며 말할 때 믿음으로 그리고 하나님의 말씀의 진리에 거할 것을 기원합니다. 여러분 가운데서 하나님의 말씀으로 12년 넘게 열심히 일하였습니다. 하나님이 나의 증인입니다. 여러분이 하나님 말씀을 듣는 일에 열심을 내고, 진실하고 신실한 회개를 많이 목격하였을 때 나는 평안을 누렸습니다. 그리

1831년의 베들레헴 채플

스도의 고난을 위해 가장 사랑하는 여러분이 복음을 지키고, 변호하도록, 동시에 제가 숙고하는 모든 것을 여러분도 함께 지속해서 성공적으로 숙고할 수 있도록 간청합니다. 마음이 동요되거나 변하지 마십시오. 그리고 불신으로 인하여 다른 길로 돌아서는 사람들을 생각하지 마십시오. 올바른 믿음과 확신하는 소망을 지키도록 노력하십시오. 하나님의 말씀의 사랑에 굳건히 서십시오. 간절한 갈망으로 하나님의 말씀에 붙어 계십시오. 구세주가 복음을 설교하도록 보낸 자들에게 순종하십시오. 하나님의 자비하심 안에서 그리고 예수 그리스도를 알면서 성장하십시오. 나를 위해서 하나님께 간구해 주십시오. 모든 곳에서 즉 필요로 하는 모든 곳에서, 지역에서, 도시에서, 마을에서, 성에서, 들에서, 숲에서, 할 수 있는 곳 어디에서나 성공적으로 설교할 수 있도록 기도해 주십시오. 내 안에 하나님의 말씀이 억압을 받지 않도록 기도해 주십시오."[11]

후스의 글들과 편지들에는 그의 개인적인 믿음의 투지와 그리스도의 고난을 위한 의지가 분명하게 드러난다. '코지 흐라덱'에서 1413년 10월에 마무리한 그의 체코어 설교는 다음과 같다.

"··· 모든 신실한 크리스천은 나를 체코 왕국에 있는 이단이며, 매일 베들레헴에서 궤변과 이설로 설교하고, 이단의 사제이며 이단의 두목으로 여기고 있습니다. 그러나 나는 자비하신 그리스도를 믿고 있기에 이러한 사람들의 생각은 나에게 상처가 되지 않으며, 또한 나에게 슬픔도 주지 않습니다. 왜냐하면 사제들이 그의 거룩한 자비(역자주: 그리스도)에게도 나쁘게 행동하였고 결국 잔혹한 죽음에 이르는 고통을 주었던 것을 알고 있기 때문입니다. 나의 싸움을 거룩한 자비(역자주: 그리스도)가 완성하도록 나의 싸움을 그에게 내려놓았습니다. 사람들로부터 굴욕을 당하거나 죽음을 당해도, 내가 진리에서 떨어지지 않게 하실 것입니다."[12]

예수 그리스도를 위한 고난의 의지와 그의 진리는 대주교 즈비넥(Zbyněk), 마스터 자비시(Mistr Záviš), 마스터 프라하티체의 크르지슈탄(Mistr Křišťan z Prachatic), 로마와 헝가리 왕 지그문드(Zikmund), 신실한 체코인들 등에게 보낸 후스의 편지에 잘 표현되어 있다.

당시 골치 아픈 교회 문제를 해결하기 위해 1414년 말에 '보덴 호수'에 위치한 '콘스탄츠'에 공의회가 소집되었다. 후스는 그해에 라코브닉(Rakovník) 지방에 있는 크라코베츠(Krakovec) 성에 거주하였고, 콘스탄츠에 가기로 결정하고 여행을 준비하였다. 크라코베츠 성을 1414년 10월 11일에 떠났고, 체코 귀족들의 안내로 1414년 10월 14일 프라하에서 콘스탄츠로 떠났다. 콘스탄츠로 떠나는 자세한 이야기를 체코 친구들에게 편지로 썼다. 그 편지는 역설적으로 독일인 쪽에서 우정을 보여주고 체코인 쪽에서 적대감을 드러냈다는 것을 시사했다.

"나는 한 번도 수도승 후드를 입고 다니지 않았으며, 얼굴을 드러내고 다녔습니다. 정말입니다. ··· 체코를 떠나서 제일 먼저 베르나우(Bärnau) 도시에 도착하였고, 거기에 도착하기 전, 사제가 자신의 사제 후보생(역자주: 사제가 되기 위해 목회 훈련을 받는 사람)들과 함께 나를 기다렸습니다. 그리고 숙소에 들어갔을 때, 곧바로 나에게 마실 것으로 매우 큰 컵의 포도주를 주었고, 매우 친절하게 자신의 동무들과 함께 모든 가르침을 받아들였으며, 언제나 친구가 있었다는 것을 말하였습니다. ··· 지금까지 내가 적이라고 단 한 번도 느끼지 않았습니다. 정말입니다. 모든 호스포다(역자주: 우리나라 옛날 주막과 비슷한 개념)에서 하룻밤을 잘 때 주인들에게 십계명을 설교하였고, 때로는 헛간에서 묵상 기도를 했으며, 모든 여주인은 남주인과 함께 매우 친절하게 나를 받아들이고 있습니다. 성무금지가 모든 곳에 선포되지 않았는데 모든 사람이 독일 선포를 칭찬합니다. 내가 말씀드릴 수 있는 것은 체코 왕국에 거주할 때보다 더 나에게 적대적이 아니라는 사실입니다."[13]

후스는 11월 3일에 콘스탄츠에 도착하였으나 11월 28일 체포되어 여러 곳에서 수감 생활을 한다. 내적 씨름과 콘스탄츠의 체류에 대한 그의 서신들은 소중한 원사료가 된다. 1415년 초 프라하 시민들에게 보낸 서신은 다음과 같다.

"사랑하는 이여! 나는 감옥에 앉아 있으나 부끄럽지 않습니다, 주 하나님을 위해 희망 안에서 고통받고 있고, 사랑으로 큰 질병 중에 있는 나를 만났고, 그래서 다시 건강하게 되었습니다. 내가 이전에 많은 좋은 일을 하고 진심으로 사랑했던 자들이 매우 거친 적대자들이 되게 하였습니다. — 하나님이 나와 함께 계시도록, 나를 위해 주 하나님께 간구해 주십시오, 죽을 때까지 하나님의 자비하심에 내가 존재할 수 있다는 희망이 하나님 안에 그리고 여러분의 기도 안에 있기 때문입니다."[14]

후스는 자신의 고통과 질병을 옥중 서신으로 콘스탄츠에서 친구들에게 알린다.

"지금 나는 치통이 있고 그리고 고트리벤 성(Gottlieben Castle)에서 각혈과 두통과 돌들이 나를 고통스럽게 하였소. 이것은 나에게, 죄에 대

폐허가된 코지 흐라덱

한 당연한 징벌이오. 그리고 나를 위한 하나님의 사랑의 증거라오."[15]

자신의 영적 상태와 내적 싸움에 대해서도 기록하고 있다.

"확실하게 아시오, 나는 꿈을 가지고 큰 싸움을 하고 있소, 그러나 나는 상세하게 설명하길 원치 않소. 얀(Jan)이 그 점에 대해 나에게 '교황이 당신에게 돌아오지 않을 것이다'라고 말한 그날 밤에 교황이 도주를 하는 꿈을 꾸었소. 그리고 마스터 예로님(Jeroným)의 체포에 대해서도 실제 상황과는 달랐지만 내가 꿈을 꾸었소. 나의 모든 감옥생활, 호송되는 곳과 실제 일어난 일들을 나는 꿈에서 보았지만 꿈과 실제는 달랐소. 꼬리에도 머리를 가진 파충류들이 자주 나타났으나, 나를 물거나 쏘지 못하였소. 그리고 다른 많은 꿈들도 꾸었소. 이렇게 편지를 쓰는 것은 내가 예언자라고 생각해서가 아니라, 육체적으로 영적으로 극도의 두려움을 주는 시험을 받고 있기 때문이오."[16]

서신들에서는 자애로운 태도로 후스를 대하였던 '신부'(神父otec, 역자 주: 콘스탄츠 공의회에 참석한 대표 사제들을 일컫는 말)라고 불리는 공의회 참석자가 불가사의한 인물로 나타난다. 신부는 감옥에 있던 후스를 방문하여 그를 설득해 공의회에 복종시키려고 노력하였다. 후스의 서신들은 고난받는 예수 그리스도와 그의 순교자들의 사례로부터 나오는 그의 고집과 믿음의 힘을 증언하고 있다.

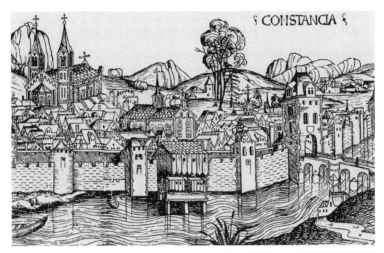

콘스탄츠(하트만 셰델 연대기의 판화)

"죄에 동의하길 원치 않고 순교를 당한 신약 성경의 여러 남녀 성자 눈앞에서, 인내심과 영원성에 대해 설교하던 내가 어떻게 많은 거짓말과 거짓 맹세에 넘어질 수 있습니까? 하나님의 많은 아들들에게 나쁜 모범을 어떻게 남겨 줄 수 있습니까? 이러한 말을 내가 듣지 않도록 해주십시오. 주 그리스도께서 풍성하게 나에게 보상해 주셔서, 현재의 인내를 도와 미래의 영광을 주시기 때문입니다."[17]

마스터 얀 후스는 공의회에 의해 이단으로 선고를 받아 1415년 7월 6일 콘스탄츠 화형장에서 화형을 당한다. 그의 유골은 라인 강에 뿌려졌다. 그의 고난과 죽음에 대한 소식을 흘룸의 얀(Jan z Chlumu)의 서기관이었던 대학 마스터 플라도노비츠의 페트르(Petr z Mladoňovic)가

전해 주었다.

　"그 대성당에서 후스에게 모자(역자주: 이단들에게 씌우던 모자)를 씌워 끌어내었을 때, 이 대성당의 묘지에서 같은 시간에 그의 책이 불태워졌답니다. 후스는 그들의 행동을 보고 웃었습니다. 후스는 자신의 최대 원수인 거짓 목격자들이 자신을 죽이기 위해 기만적인 이단으로 몰아가는 것을 믿지 않도록 자신 주위에 서 있는 사람들과 뒤에 따라오는 사람들에게 호소했습니다. 이 도시의 거의 모든 시민이 무장을 하고 그가 죽음을 향해 갈 때 동행했습니다. 교수대로 와서, 무릎을 꿇고, 팔을 펴고, 하늘을 향해 눈을 들고, 매우 경건하게 특히 시편으로 기도하였습니다: '여호와여, 나에게 은혜를 베푸소서', '주님 안에서 나는 소망하였습니다', '주님, 당신의 손에'를 반복하여 그 주위의 사람들이 들을 수 있도록 기도하며 기쁨의 얼굴로 즐거워하였습니다. 교수대는 콘스탄츠 도시에서 나와 고트리벤(Gottlieben) 성으로 갈 때, 앞에서 언급한 도시의 교외의 성문들과 해자 사이의 많은 정원 사이에 있는 초원에 있었습니다!"[18]

　콘스탄츠 공의회에서의 후스의 폭력적인 죽음은 체코 왕국에서 전 민족적인 분노와 폭동을 불러일으켰다. 후스 화형 이후 콘스탄츠로 보낼 후스 변호를 위한 항의 서한은 체코와 모라비아 영주들이 마스터 얀 후스에게 폭넓은 지지를 천명한 452명의 체코 귀족들의 서명을 받아 작성하였다.

"마스터 얀 후스가 분명히 선하고 의로운 크리스천이었으며, 우리 왕국에서 수년 전부터 살았고, 도덕적이며 그리고 생애 예절과 평판으로 잘 증명된 인물이었다는 사실을 마음으로 인정하고, 공개적으로 입으로 시인하는 마스터 얀 후스에 관한 이 공개서한들을 모든 신부 (역자주: 콘스탄츠 공의회 참석 사제들)에게 보내는 것이 좋겠다는 것을 결정하였다. 그는 신실하게 거룩한 선생들의 주석에 따라 신구약의 하나님의 말씀을 설교하였고, 우리와 우리의 농노들에게 가르쳤으며, 많은 글을 남겼다. 모든 거짓 가르침과 이단들을 지속적으로 거부하였고, 그리스도를 믿는 우리와 모든 믿는 자들을 끊임없이 신실하게 훈계하였으며, 자신의 가능성에 따라 열심을 가지고 평화와 사랑으로 말씀과 실천과 글로 인도하였다. 그래서 우리가 말하고 있는 마스터

콘스탄츠 공의회의 후스(프란티섹 브로직 그림)

얀 후스가 자신의 설교에서 어떤 거짓교훈이나 이단을 어떠한 방법으로 강조를 하거나 설교를 하거나 가르치고 또는 우리와 우리의 농노들을 어떤 말로나 행동으로 위협을 하였다는 것을 한 번도 듣지 못했고 열심히 모두 조사를 하였지만 알 수 없었다. 반대로 그는 그리스도 안에서 사랑으로 그리고 침묵으로 살았으며, 모든 사람을 말씀과 모든 열심을 다하는 실천으로 훈계하였다. 성모인 교회 세움을 위해 그리고 이웃의 구원을 위해 하나님의 말씀과 신부들의 규례를 지키도록 훈계하였다."[19]

대학당국은 자신의 이전 총장이며 교수인 마스터 얀 후스 그리고 후스의 친구이며 후스보다 1년 뒤인 1416년 5월 30일에 콘스탄츠 화형대에서 죽은 마스터 예로님 프라주스키(Jeroným Pražský)의 업적에 대한 확인서를 써서 보냈다.

리첸탈 연대기의 화형대 위의 후스

"듣고 있는 여러분 앞에서 우리가 공개적으로 고백하는 것은 특별한 감정으로 우리 대학의 아들, 거룩한 신학 학부과정을 뛰어나게 마친 후스라고 불리는 후시네츠의 얀에 대한 거룩한 기억들을 회상하는 것입니다. 이렇게 귀중한 인물의 평판을 낮추지 않기 위해서, 반대로 모든 이에게 평판이 더 사랑스럽게 되고 그리고 그들에게 아주 달콤하고 힘을 주는 열매를 가져다주기 위해서, 신자들 가운데 타락한 거짓말의 전염이 확산되는 것을 막았으며, 그리고 불신자들 가운데서 질투자들의 악한 말들에 대해 더 즐겁게 침묵하기 위해서, 하나님과 그의 정의 앞에서 겸손하게 기억합니다. 생각하는 대로 말하고 그리고 깨끗한 양심으로, 모든 이가 깨닫도록 간구합니다. 하나님과 사람과의 관계에서 우리 사이에서 이 특별한 남자의 행동은 대부분의 기독교인들의 행동보다 더 크고 올바른 의식(意識)으로 구별되었습니다. 그리고 그의 젊었을 때부터 우리가 직접 목격한 그의 존경받을 만한 삶은 거룩한 도덕성이 있었으며, 그래서 우리 가운데 누구도 그가 공개적으로 범죄행위를 비난받아 처형될 것을 생각하지 못하였습니다. 감탄할 만한 그의 과학적인 지각력은 우리에게 분명하게 드러났으며, 그래서 그는 다른 사람들에 비해 빠르게 이해하였고, 더 민첩하게 글을 썼고 그리고 더 잘 대답을 하였습니다. 만약 우리가 일반화시켜야 한다면, 그는 설교자로서 다른 사람들보다 더 큰 열정과 능력을 증명하였습니다. 우리는 그로부터 한 번도 배교적 거짓 가르침을 들어보지도 그리고 그에게서 발견하지도 않았음에도 불구하고 자주 거짓된 사람들의 외침에 의해 정의가 공격을 받았습니다. 모범적으로 존경을 받음으로 거룩성을 거울처럼 분명하게 비추어 준 이 남자를 어떻게 설명할 수 있겠습니까! 얼마나 겸손한 사람이었습니까! 많은 경건을 퍼트렸고, 모든 재산을 멸시하였고, 죽을 때까지 가난한 자들에게 나누어주었고, 불행한 사람의 침대 앞에서 주저하지 않고 자비롭게 무릎을 꿇었고, 자신의 진실된 눈물을 흘림으로 완고한 사람들을 회개로 안내를 하였으며, 말로 표현할 수 없는 친밀한 부드러움으로 거친 성정들을 없애려고 했고, 모든 일반적인 방종들을 특히 오만하고, 천박하고 그리고 영향력 있는 성직자의 방종을 뿌리 뽑았습니다. 인생의 어떤 약을 투여해서 뿌리째 뽑으려고 했습니까? 큰 사랑의 실천으로, 오래되고 그리고 잊혀진 말씀의 치료방법으로부터 받은 인생의 새롭게 발견된 약으로, 모든 나쁜 것을 뿌리째 뽑으려고 했습니다. 그리고 주의 깊게 모든 사도들의 행적으로 사제들과 백성들에게 초대 교회의 삶의 스타일을 기여하였습니다. 매력 있는 말과 지혜로 다른 사람들을 능가하였으며 그리고 모든 사랑의 실천과 믿음과 불가침의 진리의 모습을 모든 이에게 입증하였습니다."[20]

이 확인서에서는 그 시기의 레토릭적인 형태에도 불구하고 예수 그리스도를 섬기는 일과 복음의 진리에 대한 씨름에 자신의 삶을 온전히 바친 체코 사회의 대학 지성인이며 베들레헴 채플 설교자 개인에 대한 분명한 존경을 엿볼 수 있다.

3
대학 지성인

후스의 삶의 중요한 부분은 대학 활동과 관련이 있었다. 교수와 학생들의 공동체가 형성되었기 때문에 처음부터 대학 공동체(collegium)는 중세 대학의 상징이었다. 대학들은 모든 사회단체에게 열려 있었다. 대학은 좋은 가문에 의해서가 아니라 재능과 열심이 있는 사람들에 의해 운영되었다. 약간의 자치는 대학의 특성이 되었으며, 교회 기구에 의존되어 있어도 상대적으로 학술적 토론을 위한 자유로운 공간이 대학에서 형성되었다. 가난한 시골 출신인 얀 후스는 프라하 카렐 대학에서 공부를 하였으며 1396년에 인문학과 석사 학위를 받았고, 1404년에는 신학 학사가 되었다. 대학에서 강의를 하였고 토론을 이끌었으며, 제자들을 양육하였고 그리고 1409년 쿠트나호라 칙령(Kutnohorský dektet, 역자주: 대학이 위클리프의 가르침을 금지하는 결정을 하게 된 것이 계기가 되어, 외국인 즉 게르만 민족 출신들이 다수를 차지하는 상황을 타파하는 대학 개혁을 하기 위해 대학 내 중요한 회의에서 체코 민족 출신들은 일인당 3표를 갖게 하고, 외국인 출신들은 일인당 1표를 갖게 하는 칙령) 발표 이후 총장이 되었다. '대학의 후스'는 그의 설교와 편지를 통해서 우리가 알고 있던 후스와는 상당히 다르다.

그는 대학에서 행한 연설에 성경이나 기독교 전통의 권위뿐 아니라 고전의 저자를 인용하고 있다. 거의 모든 그의 유명한 대학 연설에서, 예를 들어 졸업식 연설들은 고전 철학자들과 시인들의 저서를 많이 인용했고 참고 문헌들을 사용하였다. 후스는 헬라 철학자 아리스토텔레스와 플라톤의 이름으로 명명된 대강의실에서 강의를 하였다. 인문과학 학부에서 중세 대학의 필독서인『피터 롬바르드(Peter Lombard, Petrus Lombardus) 명제집』을 해석하였다. 신학부 교수들의 의무는 성경을 주석하는 것이었다. 후스는 시편(109-118편)과 몇몇 서신서를 주석하였다. 1411년 말에 사도 바울의 고린도에 보낸 첫 번째 서신의 1-6장까지를 주석하였다. 후스의 특별한 행사와 기념식의 연설들은 카렐 대학과 그 대학 설립자로 황제이며 체코 왕인 카렐 4세와의 깊고 진심 어린 관계를 보여준다. 후스가 유명한 설교자가 된 베들레헴 채플이 대학에 속하게 되었다. 그는 대학에서 민족의 권리에 대한 노력과 교수회를 분열시킨 위클리프의 저서들과 씨름을 하였다. 위클리프 책들이 불태워졌을 때, 후스는 이단의 책들이 불태워지지 않고 읽히고 있다고 말하였다. 후스는 대학 공간에서 표현과 연구의 자유를 위한 투쟁의 대표가 되었다. 후스의 활동은 프라하 대학에서 영원한 족적으로 남게 되었다. 프라하 대학이 이종성찬주의(Utraquism)가 되었을 당시에, 후스에 대한 존경은 이종성찬과 함께 영적 특징의 상징이 되었다. 후스의 뛰어난 레토릭 능력과 교양을 분명하게 보여준 후스의 기념식 연설의 구절이 그 예이다.

1409년 후스가 했던 대학 연설을 들어보자.

이 훈계의 서론으로 오늘 다음 말씀을 드립니다. 빌립보서(1:10)의 말씀이며 주일의 본문 말씀인 "너희로 지극히 선한 것을 분별하며 또 진실하여 허물없이"입니다. 존경하는 교수님들 그리고 사랑하는 여러분! 민족들의 랍비와 교사인 모든 것의 주인이신 그리스도의 사도가 복음을 지키고 강화하는 일로 감옥에 있으면서 진실로 그들은 모든 이들이 예수 그리스도 안에 있도록 간구합니다: "여러분이 지극히 선한 것을 분별하며 또 진실하여 허물없기를." 모든 이에게 말합니다. 우리의 생각과 우리의 마음 안에 영원히 계셔서 우리가 경험으로 더 좋은 것을 알게 되면 그 후에 우리는 더 좋은 것을 분별하게 됩니다. 그래서 커다란 선을 알면서 작은 선을 행하면 그것은 악이 되며 작지 않은 죄를 짓는 것입니다. 바로 그곳에서 하나님 아버지의 능력을 드러내어, 하나님이 작은 선처럼 더 큰 선을 쉽게 얻을 수 있는 가능성을 제공하십니다. 마찬가지로 그 상황에서 하나님의 말씀의 지혜를 보여주셔서, 하나님이 우리가 지속적으로 성장하고 높은 가치를 성취하도록 지혜를 주십니다. 그리고 그 상황에서 성령의 사랑을 보여주셔서, 하나님이 대가 없이 사람에게 더 큰 선을 주십니다. 그러므로 접근할 수 있는 커다란 선을 쉽게 무시하는 사람은, 곧 성삼위의 성부의 능력과 성자의 지혜와 성령의 자비하심을 떠나게 됩니다. 그래서 그리스도의 사도는 우리에게서 이러한 어리석은 결함이 없기를 원해서 말씀합니다: "여러분이 지극히 선한 것을 분별하며 또 진실하여 허물없기를."

　의심할 수 없는 것은, 진실로 유용한 것을 경험한다면, 즉 실제로 그것을 우리가 경험한다면, 우리는 진실하게 된다는 사실입니다. 다시 말해서 우리가 죄가 없을 것이며, 우리의 이웃이 허물이 없을 것입니다. 이렇게 되면 우리는 하나님과 이웃 사람을 더 풍성하게 사랑하게 될 것입니다. 그래서 사도는 다음과 같이 말합니다: "여러분이 지극히 선한 것을 분별하며 또 진실하여 허물없기를."

존경하는 선생님들 그리고 여러분들, 유용한 것을 해봅시다. 개인들의 생각, 의견, 권면, 섬김, 말들 그리고 공적을 판단해 봅시다. 그리고 모든 것이 다양성과 서로 충돌되는 상이한 것들과 어떻게 혼돈되어 있는지 보십시다. 12서신에 나오는 브로와의 페트(Peter of Blois: 프랑스 시인, 신학자, 정치인 1204년경 죽음)와 같은 어떠한 위험과 고난 없이 살 수 있는 사람들이 살기 위해서 죽음의 위험과 참을 수 없는 고난을 견딥니다. 어떤 사람들은 탄탈로스(Tantalos: 그리스 신화에 나오는 왕)의 방식을 따라 물 한가운데서 목이 마르고, 충족하지 않는 욕망으로 풍족함 가운데서 걱정을 합니다. 어떤 사람들은 절제를 맹세하지만, 선지자의 예언에 따르면(렘 5:8) "그들은 수말같이 각기 이웃의 아내를 따르며 소리 지릅니다." 어떤 사람들은 엄청나게 많은 보물을 모으고도, 자신은 아무것도 모으지 않았다고 생각합니다. 어떤 사람은 명예를 추구하지만 취하지 못하고, 어떤 사람은 명예를 취하고 싶지 않았지만 자신의 의지와는 달리 명예를 갖게 됩니다. 어떤 사람은 사람의 칭송에 대해 평가를 원하지 않아도 점점 더 많이 칭송을 받게 되며, 어떤 사람은 일생 동안 세상의 영광을 뒤쫓지만 영광 없이 일생을 살게 됩니다. 어떤 사람은 일에서 쉼을 찾지만, 어떤 사람은 쉼 속에서 평안을 발견하지 못합니다. 가장 존경하는 여러분, 유용한 것을 효과적으로 시도해 보십시다. 사도가 이야기하는 것을 분명하게 들어봅시다: "여러분이 지극히 선한 것을 분별하며 또 진실하여 허물없기를."

그 외에 생각해 보십시다. 어떤 사람들이 다른 사람들에게 존경을 받고 있지만, 자신을 평가하지 않으며, 어떤 사람들은 자신에 대해 자신의 생각보다 많은 아첨꾼들의 혀를 믿습니다. 어떤 사람들은 폭군처럼 난폭한 의지를 확대시키나, 어떤 사람들은 자신의 축복된 의지를 평가절하합니다. 어떤 사람들은 두려워하는 것이 없는 곳에서 두려움으로 서두르지만, 어떤 사람은 죽을 수 있는 위험에서 안정감을 느낍니다. 어떤 사람들은 갈망하는 것이 없어질 때까지 쉬지 않지만, 어떤 사람들은 갈망하는 것이 있어도, 그것을 가치 없는 하찮은 것으로 여깁니다. 어떤 사람들은 단순하게 살고 있고 모든 것이 잘되며, 어떤 사람은 교활함이 풍성해도 모든 것이 반대로 됩니다. 어떤 사람들은 자신의 자의성에 따라서 살고 언제나 건강하며, 어떤 사람은 히포크라테스의 규칙을 지켜도 지속적으로 질병에 시달립니다. 어떤 사람들은 이해하지 못하는 척하고 지혜를 얻으나, 어떤 사람은 지나친 지혜로 어리석음에 빠지게 됩니다.

어떤 사람들은 철학적 지식을 버리고 무기에 관심을 가지며, 어떤 사람은 학교생활을 떠나서 매일 노동을 합니다. 어떤 사람들은 분쟁과 논쟁을 자랑합니다만, 어떤 사람들은 논쟁이 시작되면 얼버무려버립니다. 어떤 사람들은 중요하지 않는 일에 신중하면서도, 성숙한 의

견을 요구하는 중요한 사항에서는 아주 경솔합니다. 어떤 사람들은 친구와 가족들에게 엄격하지만, 알지 못하는 사람들과 원수들에게 지나치게 굽실거립니다. 어떤 사람들은 당당하게 자신을 낮추지만, 어떤 사람은 비굴하게 거드름을 피웁니다. 어떤 사람들은 거짓말을 많이 해도 자비를 받고 있지만, 어떤 사람들은 가장 정직한 존재가 되려고 노력해도 큰 거짓말을 하는 사람들로 생각합니다. 어떤 사람들은 지연을 시키면 이롭지 않은 상황인데도 언제나 지연을 시키고, 성숙한 숙고를 요구하는 상황에서는 오히려 성급합니다. 다시 말해 실제로 경험적으로 유용한 것을 구별하도록 사도는 말합니다: "여러분이 지극히 선한 것을 분별하며 또 진실하여 허물없기를."

조금만 더 이야기를 이어가 보십시다. 욕망이 어떤 사람들을 해로운 명성으로 이끌고 있고, 어떤 사람들은 유익이 없는 명예를 가치 있게 여기지 않는다는 것을 더 주의 깊은 연구로 알게 되는 것이 우리에게 가능할 것입니다. 어떤 사람은 많은 책을 훑어보면서도 어떤 것도 배우지 않습니다. 어떤 사람들은 약속을 많이 하지만, 하나도 지키지 않습니다. 어떤 사람들은 모든 걱정을 자신에게서 떠나보내고, 어떤 사람은 해롭게 자신에 대해서뿐 아니라 알지 못하는 사람들의 문제에도 간섭합니다. 어떤 사람은 다른 사람의 재산으로 나누어주는 것에는 관대해도, 자신의 재산을 나누는 것에는 인색합니다. 재산이 많지 않은 사람들이 옷을 많이 구입하고, 그들이 죽은 후에는 채권자들만 많이 남으며, 어떤 사람들은 지속적으로 돈을 빌리지만, 그러나 갚는 것을 조금도 염려하지 않습니다. 어떤 사람은 계속해서 선함을 생

얀 후스가 활동한 카렐 대학 전경

각하지만, 선행은 조금도 성숙해지지 않습니다. 어떤 사람들은 다른 사람들이 부끄러움을 당하기를 희망하여, 그들의 부도덕함을 크게 모든 세상에 이야기합니다. 어떤 사람들은 다른 사람을 이단자들로 부르지만 자신들이 이단자가 되고 있습니다. 어떤 사람들은 형제의 눈의 티를 보고 자신의 눈의 들보를 무시합니다. 그리고 내가 모든 것을 설명하고, 사람과 천사의 말을 할지라도(고전 13:1), 다양한 모든 종류를 나는 다 설명할 수 없으며, 가장 가까운 이웃뿐 아니라 자기 내면에도 서로 다른 자기가 있습니다. 그럼에도 불구하고 우리가 더 나은 것을 실천하도록 우리는 이것을 짧게 설명하였습니다. 왜냐하면 사도는 다음과 같이 이야기하기 때문입니다: "가장 좋은 것을 실천하고 지키십시오." "여러분이 지극히 선한 것을 분별하며 또 진실하여 허물없기를." 오늘의 주제에서 오늘 말씀은 이 유익한 기억을 위해 받은 말씀입니다.[21]

4

유명한
설교자

유명한 설교자이며 체코 개혁자인 마스터 얀 후스는 프라하의 베들레헴 채플과 관련이 있다. 마스터 얀 후스는 프라하에서 설교자로 활동하는 12년간 많은 설교집을 냈다. 후스가 베들레헴 채플에서 체코어로 한 설교를 듣고 기록한 글들은 단지 라틴어만 남아 있었다. 축약문자가 있는 라틴어로 체코어를 속기록하는 것은 복합적인 정자법의 체코어보다 훨씬 쉬었다. 후대에 라틴어로 기록된 강해들은 처음보다 그 내용이 점점 더 길어졌을 뿐 아니라, 그 가치도 더 높아졌다. 강해집들 가운데 후스의 발드하우저 강해를 기초로 한 1407-1408년의 "Dicta"라는 대강해집과 1410-1411년 기간의 베들레헴 설교들이 특별히 뛰어나다. 후스가 코지 흐라덱(Kozí Hrádek)에 도피 중 1413년 10월 27일 집필을 끝낸 체코어로 쓴 강해는 설교자로서의 그의 저술 가운데 최고이다. 마지막 강해를 기록한 체코어는 체코 사회의 가장 다양한 계층들이 하나님의 말씀의 청중들이 되도록 하는 데 있어서 라틴어와 차이를 보여주었다.

후스는 체코어 강해를 집필하는 동안 자신의 오래된 라틴어 강해를 초안으로 사용하였다. 후스가 초안을 그대로 번역하였음에도 불구하고, 체코어 강해는 상당히 다른 특징을 가지고 있다. 이 책은 특별히 사제나 대학 학생들을 위해서만이 아니라 후스가 시골에 체류하는 기간 동안 만났던 보통 사람들을 위해서 쓰였음을 즉시 알 수 있다. 중세 설교자의 설교방식인 논리적 분석방법을 후스도 일관되게 사용하고 있지만, 그의 설교에서 긴급한 이슈와 후스 개인의 기억들이 나타나고 있다. 많은 부분은 후스의 변증뿐만 아니라 후스가 그리스도의 진리의 반대자들로 여겼던 당시 중세 교회 대표자들에 대한 용감한 비판이다. 후스가 코

16세기 형제단 찬송가 삽화의 후스 초상화

지 흐라덱에서 집필을 끝마친 원본 강해는 보존되지 못하였다. 강해는 체코어로 쓰인 많은 필사본으로 퍼졌다. 그중에 몇 권이 지금까지 남아 있다. 체코어 강해는 서론, 자신의 설교(일요일과 축제일의 59개 설교), 인덱스와 저자의 에필로그가 있다. 체코어 강해에서 성경의 빈번한 인용과 함께 마찬가지로 고대와 중세 신학자들과 철학자들의 저서에서 드러난 그들의 사상과 인용을 발견할 수 있다. 후스는 아우구스티누스, 제롬(히에로니무스), 요한 크리소스톰, 암브로스 그리고 매우 자주 교황 대 그레고리(540 -604)를 인용하였다.

후스의 설교는 논리적인 구조를 가지며, 주석을 할 때 스콜라 철학 방법으로 본문의 의미를 설명하고 있다. 후스는 성경 본문 설명을 위해 초기 기독교 교부학과 중세 주석의 방식에 따라 알레고리 해석

방법을 풍성하게 사용한다. 후스는 성경의 진리를 깨닫게 하기 위해 사례와 인생의 단면, 비유와 때때로 예화를 사용한다. 후스의 수사학적이고 드라마적인 재능으로 인하여 그의 설교집에 대한 문학적이고 언어적인 가치는 높게 평가되고 있다. 1411년의 베들레헴 채플 설교를 예로 설교자로서 후스의 활동을 더 깊이 살펴보자.

성삼위 일체 13번째 주일 설교(1414년 9월 6일, 하나님과 이웃에 대한 사랑)

"너희가 보는 것을 보는 눈은 복이 있도다. 내가 너희에게 말하노니 많은 선지자와 임금이 너희가 보는 바를 보고자 하였으되 보지 못하였으며 너희가 듣는 바를 듣고자 하였으되 듣지 못하였느니라. 어떤 율법교사가 일어나 예수를 시험하여 이르되 선생님 내가 무엇을 하여야 영생을 얻으리이까 예수께서 이르시되 율법에 무엇이라 기록되었으며 네가 어떻게 읽느냐 대답하여 이르되 네 마음을 다하며 목숨을 다하며 힘을 다하며 뜻을 다하여 주 너의 하나님을 사랑하고 또한 네 이웃을 네 자신 같이 사랑하라 하였나이다."(누가복음 10장 23-37절)… 여러분은 하나님을 사랑한다는 것은 무엇인가 하고 질문합니다. 제 대답은 이렇습니다. 하나님을 사랑한다는 것은 하나님에게 잘 선행하기를 원하는 것입니다. 그리고 마찬가지로 이웃을 사랑한다는 것은 여러분의 이웃에게 잘 선행하기를 원하는 것입니다. 하나님에게 좋은 것, 즉 그는 영원하시고 보호자시며 모든 것을 아시는 분이시기에 이 모든 것을 하나님에게 바라고 그를 사랑하십시오. 마찬가지로 하나님은 여러분을 보호하시고 여러분에게 영과 육신을 주시며, 만약에 여러분이 그것을 잃어버리면, 여러분을 위해, 여러분을 통해, 다시 회복시켜 주시니, 하나님에게 선함을 간구하고 그를 사랑하십시오. 여러분은 이러한 선함을 거부함으로 마귀에게 다시 죄로 자신을 팔았습니다. 하나님이 여러분을 위해 무엇을 하셨습니까? 인간을 취하시기로 결정하셔서 인간이 되셨고, 죽으셔서 그 죽음으로 여러분을 회복시켰으며, 팔려버린 여러분을 보혈로 다시 구입하셨고, 여러분을 자신에게로 다시 돌아오게 하셨습니다. 보십시오, 여러분에게 좋은 것을 행하셨습니다! 그러므로 하나님을 사랑하세요. 눈에 보이려고 사랑하는 척하지 말고 진실로 사랑하세요. 이러한 사랑은 죄를 가까이 하고 죄를 짓는 기회를 막아 줄 것입니다. 모든 죄와 죄를 짓는 기회를 거부하는 사람은 진실로 하나님을 사랑하는 것입니다. 그러나 그것을 하지 않는 사람은 거짓되게 하나님을 사랑하는 것이며, 단지 눈에 보이게만 사랑하는 것입니다. 주님은 누구도 보호하지 못하는 여러분을 모든 곳에서 통치할 권력을 가지고 계시며, 그의 손에서 당신들을 빼앗을 수가 없습니다. 하나님은 예언자 오바댜를 통해 말씀하십니다: "네가 독수리처럼 높이 오르며 별 사이에 깃들지라도 내가 거기에서 너를 끌어내리라 여호와의 말씀이니라"(오바댜 1:4). 그래서 전능하신 하나님이 여러분에게 이렇게 경고할 때, 그를 두려워하십시오. 하나님은 전지하신 분이시기에, 성삼위 일체와 하늘나라 시민들이 함께 여러분의 행위 모두를 지켜보고 계시는 그의 얼굴 앞에서 죄를 짓지 않도록, 그를 존경하십시오.

만약에 우리 모두가 있는 여기에서, 그리고 우리 앞에서 간통을 하게 된다면, 여러분은 틀림없이 부끄럽게 될 것입니다. 얼마나 여러분은 소경된 불쌍한 사람인가요. 어디 구석에서 여러분은 간통을 하고 스스로 생각하기를 자신 이외에 다른 어떤 사람도 당신을 보지 않았으며, 하나님도 당신을 보지 않았다고 생각하지만, 하나님은 모든 하늘나라 시민들과 함께 모든 곳에서 여러분의 행위를 몰래 지켜보고 계십니다. 그분은 여러분의 주님이시기에, 모든 곳에서 여러분을 다스리는 권력과 통치를 가지고 계시며 그리고 그의 명령을 복종하지 않는다면 여러분을 마귀에게 주실 수 있으십니다. 그러므로 여러분은 전지전능하신 하나님을 사랑하게 될 것입니다. 사랑에 대해서는 신구약 성경에 자주 언급되고 있어서, 그것이 의미하는 것을 설명하겠습니다.

아리스토텔레스의 말에 따르면 사랑한다는 것은 알게 된다는 것인데, 하나님은 보이지 않고 시각으로 인식하지 못하기 때문에 사람들은 하나님과 거리를 두고 사랑하게 됩니다. 이러한 사람들에 반대하여 그리스도는 말씀하십니다: "능력의 하나님 주님을 사랑하게 될 것이다." 사도에 따르면 하나님은 불타듯이 분명하시며 전지하신 분이십니다: "그의 눈앞에 만물이 벌거벗은 것 같이 드러나느니라"(히브리서 4:13). 우리가 '당신'이라고 말한 것처럼, 당신을 지켜주시고 당신의 존재 이유가 되시며, 당신에게 모든 것을 제공하시고 그리고 당신을 다스릴 능력을 가지고 계십니다. 그러므로 그를 "마음을 다하여" 사랑하십시오. 사랑이 마음을 다하고 "성품(영혼)을 다해" 나와야 함을 알아야 합니다. 그 무엇보다 하나님을 사랑하기 위해 노력하십시오. 하나님을 사랑하는 사람들은 아마도 다음과 같은 것들을 보게 됩니다. 오직 누군가를 사랑하는 사람은 특별히 그를 돌보고 그를 생각하며, 사랑하는 사람에게 멋지게 보이기 위해 모든 힘을 다할 것이며, 그리고 그에 대해 말하는 것을 가장 좋아하고, 자신의 사랑의 대상에 애정으로 묶여질 것입니다. 그러므로 우리의 구원을 다른 것보다 더 좋아하는 그리스도는 구원을 위해 일하셨고, 거의 33년을 순례를 하며 피곤을 모르고 설교하였으며, 오직 구원을 위해 노력하였고, 끝까지 구원을 이끌기 위해 노력하시다가 결국 원수의 손에 죽으셨습니다. 누가 누구를 더 사랑하는지 각자 생각해 보십시오. 만약 여러분의 마음이 하나님께로 언제나 돌아서면, 그가 여러분을 좋아할 것이며, 여러분의 모든 행동을 하나님께로 향하면, 여러분은 그를 사랑하게 되는 것입니다. 시편 118편에서 "내게 화로다, 오래 거주하였구나 내 영혼아"라고 말한 다윗이 … 보십시오, 하나님을 향하고 있습니다. 그리고 사도(빌립보서 1:23)는 말합니다: "세상을 떠나서 그리스도와 함께 있는 것이 훨씬 더 좋은 일이라." 그러므로 부요함으로 빈둥거리고 부요함으로 유혹하는 세상 사람들은 하나님을 사랑하지 않게 됩니다.

하나님은 가장 좋고 가장 높은 선이시기 때문에, 하나님을 가장 우선적으로 사랑하여야 합니다. 그러나 불행하게도 사람들은 눈이 어두워 가치 없는 것을, 즉 죄와 죄를 즐거워하는 것을 제일 먼저 사랑하게 됩니다. 그리고 제가 매일 경험하였기에 확실히 알게 된 것은, 주로 성직자 계급이 다른 계급보다 제일 많이 오락을 좋아하고 쾌락에 경도되어 있다는 것입니다. 왜냐하면 거의 모든 것이 그의 이익을 보장하고 있기 때문입니다.

그러나 가장 귀한 여러분, 우리는 그렇게 행동하지 말고, 좋은 방법으로 그리고 대죄(死罪) 없이, 가장 높고 가장 좋은 선함이신 하나님을 사랑합시다. 제가 말한 것처럼, 잘 알지 못한 것은 사랑받지 못한 것처럼, 사람들이 하나님을 적게 알고 있기 때문에 하나님을 적게 사랑하는 것입니다. 하나님을 세 가지 방법으로 알게 되며, 바로 그 방법으로 하나님을 사랑하게 됩니다. 첫째, 빛의 도움으로 세상의 현상들을 알게 되는 그런 어떠한 중재자 없이, 자신의 생각으로 하나님 나라에서 행복한 사람들은 하나님을 알게 됩니다. 성인들은 하나님을 신실하게 알기에 하나님을 신실하게 사랑합니다. 둘째, 자연에 대한 이해로부터 신을 알아 가는 방식을 택한 철학자들이 하나님을 사랑하는 것처럼, 점차적으로 사랑하는 것입니다. 성경의 빛의 영향으로 하나님을 만나고 알게 되는 오늘날 학자들의 경우도 마찬가지인 것 같습니다. 셋째, 지식이 가장 낮은 일반 크리스천들이 하나님을 사랑하는 것처럼 오직 믿음으로 하나님을 사랑하는 것이며, 그러나 만약 그들이 깨끗한 마음을 가졌다면 그리고 하나님의 사랑하는 사람들이 죄를 피하면, 앞의 두 가지 방법으로 하나님을 아는 것과 마찬가지로 하나님을 사랑하는 것입니다. 많은 크리스천들과 많은 죄들이 있기 때문에, 마귀는 이 사랑을 어둡게 하여, 우리가 죽은 믿음을 가지고, 하나님을 사랑하지 않고, 하나님을 보지 못하도록 만듭니다.

일반적인 크리스천들은 하늘에 있는 성인들(역자주: 구원받은 사람들)의 방법으로 하나님을 사랑하지 못하고, 학자들의 방법으로 하나님의 모습을 알지 못하며, 이 세상의 거름덩이에 빠지고 재물에 욕망이 묻혔기 때문에 깨끗한 마음으로 하나님을 많이 사랑하지 못합니다. 그때 짐승처럼, 마치 돼지처럼 뻘 속에 서 있다가, 도토리가 뻘에 떨어지면 그곳에 누워 그 도토리를 먹고, 도토리가 떨어지는 것이 멈추자마자 머리를 들고 도토리나무를 바라보는 것처럼, 유감스럽게도 그렇게 우리도 똑같은 방법으로 하나님을 사랑하고 있습니다. "마음을 다하여" 실수 없이, "뜻을 다하고 힘을 다하여", 즉 이성과 기억과 의지로 사랑하는 것입니다. 이성으로 여러분의 가장 높은 선을 향하도록, 기억으로 하나님의 선을 기억하도록 그리고 의지로 죄로 망쳐지지 않으면서 사랑을 가장 높은 선으로 되돌리도록 하자는 의미입니다. 클레르보의 베르나르드(Bernard of Clairvaux)는 "마음을 다하여'는 칭송으로 마음을 빼앗기지 않도록 하는 것이고, '뜻을 다하여(영혼을 다하여)'는 아첨으로 영혼을 빼앗기지 않도록 하는 것이며, '힘을 다하여'는 불의로 단념하지 않도록 하는 것이다. 그러나 하나님을 위해 모든 고난을 견디도록, 불순종으로 하나님에게서 추방되지 않도록 하는 것"이라고 설명합니다. 이러한 완전한 사랑은 여기서 시작되고 그리고 어떠한 부족함도 없는 모든 사람은 미래의 본향에서 끝이 납니다. 그곳에서는 앞에서 언급한 대로 모든 방법으로(마음, 뜻, 힘)

영원히 하나님을 사랑하고, 영원한 만족으로 그를 즐거워합니다.

레위기 19장 말씀 "네 이웃을 네 몸과 같이"는 "네 이웃(친구)"이라고 말합니다. 여기서 "네 이웃"이라고 한 것은 일반적인 의미이기 때문입니다. 그 사람을 아우구스티누스는 "모든 사람이 이웃"이라고 표현합니다. 그러나 하나님은 우리와 인류를 위해, 무한하게 멀리 계셔서 우리의 이웃이 될 수 없었으나, 우리를 사랑하셔서 자신을 겸손히 낮추어 우리의 본질을 취하셔서 우리와 함께 인간이 되셨습니다. 그래서 우리에게 가장 가까이 다가오셨습니다. 제가 말한 대로 이로 인하여 인간은 유대인이나 이단이나 이방인이나 모든 사람이 이웃이 됩니다. 그리스도는 자비를 입증한 사마리아인이 부상당한 사람의 이웃이 되었음을 보여준 그의 비유에서 강조하였습니다. 이로 인하여 모든 사람은 다른 사람을 사랑해야 한다는 결론에 이르게 됩니다. 지혜서 11장(24절)의 말씀에 따르면 하나님은 모든 사람을 사랑하십니다: "주님이 만드신 그 어느 것도 싫어하시지 않는다." 그래서 우리 모두는 자신의 이웃을 사랑해야 합니다.

그러나 어떤 사람은 반대합니다: 모든 사람이 다른 사람을 사랑하는 것이 의무일 때, 죽음과 심지어 영원한 지옥을 원하는 사람을 어떻게 사랑할 수 있겠는가? 대답은 이렇습니다. 사람은 모든 사람에게 선이 있도록 하는 것과, 무엇보다 자신의 이웃을 위해 구원을 원해야만 하며, 만약 하나님의 뜻이면, 지옥 형벌을 받게 될 사람들이 지옥 형벌을 받는 것이 성인들(역자주: 하늘나라에 있는 구원받은 자들)의 공의와 그들의 기쁨이 될 것입니다. 왜냐하면 성인들이 하나님의 뜻을 따라 행하였기에, 악한 사람들이 지옥 형벌을 받는 것으로 특별히 기쁨을 얻게 될 것이기 때문입니다. 모든 상황 안에서, 신실한 사람이 하나님에게 말해야 합니다: 구원에 이른 사람들, 연옥에 있는 사람들, 지옥에 있는 사람들로 인하여 하나님이 찬양을 받으시도록, "당신의 뜻이 하늘에서 이루어진 것처럼 땅에서도 이루어지이다." 공의의 두 가지 측면이 있기에, 악을 피하고 선을 행합니다. 그래서 여러분이 악을 피하지 않으면 지옥 형벌을 받게 될 것입니다. 여러분의 모든 이웃이 선을 행하고 악을 피하도록 노력해야 합니다. 그래서 이웃이 악에서 떠나도록 하기 위해서, 여러분은 이웃을 사랑해야 합니다. 선을 행하면서 모든 이웃을 똑같이 사랑해야 합니다. 그러면 이웃도 선을 행할 것이고 여러분이 다 같이 하나님 나라에 갈 수 있습니다.[22]

5

백성들의
교사

후스는 성인과 청소년 세대의 교리 교육을 사제의 사명과 봉사와 분리할 수 없는 부분으로 이해하였다. 『주석』(Výklad)의 서론에 다음과 같이 기록하고 있다.

"하나님으로부터 비롯된 소망 안에서 사제가 된 것은 사람들이 하나님을 믿고, 하나님의 명령을 실천하고 그리고 하나님께 바르게 기도하도록 가르치기 위함이며, 이 세 가지를 일반 백성들에게 설명해주기를 바랍니다."

마스터 얀 후스는 많은 교육적이고 교리적인 책들을 썼다. 『죄인의 거울, 소위 큰 거울』(Zrcadlo hříšníka tzv. větší), 『죄인의 거울, 소위 작은 거울』(Zrcadlo hříšníka tzv. menší), 『어린 딸』(Dcerka), 『삼 겹 줄』(Provázek třípramenný)과 그리고 앞서 언급한 『믿음에 대한, 십계명에 대한 그리고 주기도에 대한 주석』(Výklad víry, Dessatera a modlitby Páně)도 종교-도덕 관련 논문들에 속한다. 『교리문답』(Katechismus)인 청소년과 성인의 교육을 위한 안내서도 쓴 것 같다. 에마누엘 하벨카(Emanuel Havelka)는 그 책의 원작자를 입증하려고 노력하였고, 이지 단헬카(Jiří Danňhelka)는 교리문답 원본을 후스의 저서로 생각하였으며, 『전집 (4집)』(Opera omnia (4.sv.))은 전집(全集)에 포함되었다.

그리고 그 외에도 문학 가이드북『알파베트』(Abeceda)와 연계된『크리스천 학습의 핵심』(Jádro učení křesťanského)이 있다.『죄에 대하여』(O hřieše)와『믿음에 대하여』(O vieře)는 종교 교육 소논문에 속한다. 후스는 윤리적 초점을 맞춘 운율이 있는 시,『아홉 조각 금』(Devět kusóv zlatých)과『도덕적 캐치프레이즈』(Mravní průpovědi)를 썼다. 체코어로 쓴『결혼에 대하여』(O manželství)라는 책은 목양적, 교육적인 목적으로 썼다. 후스의 교리문답 책들은 사람들과의 개인적 관계로 인하여 즉시 나오게 되었으며, 특히 그의 프라하 밖 피신 기간 동안인 1412-1414년에 나왔다. 당시에 후스는 믿음 안에서 교육을 하기 위하여 그리고 체코인들의 크리스천 생활을 위한 양육의 의미를 알았기에 이들 책들을 집필하였다. 체코어로 쓴 교리문답 책들의 등장은 후스가 설교자 활동 금지를 존중하지 않았다는 사실과 관련이 있다.

후스의 교육활동은 그 대상의 폭이 넓었다. 모든 연령층과 모든 사회 계층을 다 포함하였다. 사제들, 평신도들, 학생들 그리고 교사들, 남자들과 여자들, 성인들과 어린이들 모두를 대상으로 하였다. 비록 자신의 교육 노력들이 민족 교육과 문화를 지원하였을지라도, 기독교 교육자로서 그의 활동은 자신의 민족에 제한되지 않았다. 콘스탄츠 감옥에서 라틴어 소책자들을 썼으며 그에게 감옥 생활을 쉽게 해준 독일 간수들에게 그 책들을 헌정하였다. 그 책들은『하나님을 아는 것과 사랑하는 것에 대해』(O poznání a milování Boha),『주님의 명령과 주기도문에 대해』(O příkázáních Páně a modlitbě Páně),『회개에 대해』(O pokání),『인간의 세 가지 적에 대해』(O třech nepřátelích člověka),『대죄(死罪)

콘스탄츠 감옥에서

에 대해』(O smrtelném hříchu), 『결혼에 대해』(O manželství), 『주님의 몸과 피의 거룩함에 대해』(O svátosti těla a krve Páně) 이다. 이 책들은 기초 참고 자료 없이 만들어졌으며, 후스의 교리교육 능력을 증거한다.

우리는 중세시대에 교회와 학교, 가정에서 시행된 종교 목양과 교육을 추적할 수 있다. 마스터 얀 후스를 연구할 때 중세시대 교회의 예배와 성례전 실천이 연계되고, 전통적이며 종교적이고 윤리적인 과목에서 비롯된 교육 상황을 감안해야 한다. 동시에 후스와 많은 그의 추종자들은 중세 교회와 사회의 종교-윤리 갱신의 노력이 동기(動機)가 된 교리문답에 대해 깊은 관심이 있었다. 설교 외에도 크리스천 목양과 교육은 체코에서 종교개혁의 중요한 수단 가운데 하나가 되었다. 마스터 얀 후스는 체코 종교개혁의 교리문답을 만드는 것과 교육적 노력의 토대들을 세웠다. 후스의 이러한 노력을 이종성찬주의자들은 특정화된 학교(Latinská škola)들의 발전된 시스템으로 그리고 형제단은 조직적이고 장기적인 개교회 목양과 학교 교육에 의한 특성화로 발전시켰다. 다음의 실례는 전통적으로 크리스천 교육의 핵심으로 불리는 마스터 얀 후스가 저술한 요약된 기본적인 종교 교육을 위한 교리문답 안내서이다.

크리스천 교육의 핵심

하나님은 가장 선하시며, 하나님보다 더 나은 존재에 대해서 생각할 수 없다. 하나님을 사랑하는 것은 하나님의 명령을 실천하는 것이다. 하나님을 믿는 것은 가장 잘 하나님을 사랑하는 것이다. 하나님은 영원한 영이시며, 시작도 끝도 없으신 분임을 알아라. 하나님은 전능하시므로, 그래서 행하시길 원하시는 것을, 즉시 행할 수 있는 분이시다. 하나님은 전지하시므로, 우리의 과거와 우리의 미래 모든 것을 보시고 아신다. 하나님은 자신이 창조하고 사랑하는 모든 선한 것을 사랑하는 분이시다. 하나님은 선하시고, 그래서 악이 아니시며, 죄를 지을 수 없고, 거짓말을 할 수 없으시다. 하나님은 매우 선하시며, 그리고 선한 것을 매우 사랑하신다. 하나님은 성인들과 함께 기쁨으로 하늘에 계시고, 선한 사람들과 지상에 자비심을 가지고 계시며, 그리고 복수함으로 악한 사람들과 지옥에 계신다. 하나님은 능력과 선함과 지혜로 모든 곳에 계신다. 하나님의 본질은 한 분이시며 인격은 세 가지이시다. 누구도 하나님을 훼손할 수 없다. 하나님은 어떤 것도 필요하지 않으시다. 모든 사람이 하나님을 섬겨야 하고, 하나님이 좋아하는 것을 해야 하며, 또는 하나님이 좋아하시는 대로 고통을 받아야 한다. 누구도 하나님에게 값을 지불할 수 없다. 하나님은 행위에 따라서 심판을 한다. 하나님은 신성으로 고통을 느끼지 않는다.

성삼위일체는 아버지 아들 성령이시며, 하나님은 한 분이시며 세 인격이시다. 세 인격은 아버지, 아들, 성령이시나 한 분 하나님, 한 분 창조자, 한 분 주님, 한 분 구속자이시다. 그리스도 예수는 진실로 하나님이시며 진실로 사람이시다. 아버지와 성령은 권력과 선함, 지혜에서 신성으로 동등하시지만, 인간으로는 더 작다. 그리스도 예수는 신성으로서 영원하시지만, 인간으로서 영원하시지 않다. 그리스도 예수는 창조자이시며 피조물이시다: 창조자는 신성으로서, 존재로 잉태되지 않았으며, 그리고 피조물은 인간으로서, 성령의 능력으로 마리아의 삶 속에서 잉태되셨다. 그리스도 예수는 자신 안에 신성, 영혼과 육신을 가지고 있으며, 이 세 가지는 유일하신 참 하나님이시며 참 인간이시다.

거룩한 보편적 교회는 구원으로 부름받은 모든 사람의 공동체이며, 영원히 하나님으로부터 분리되지 않는다. 거룩한 교회는 셋으로 나뉜다. 첫째로, 승리한 거룩한 교회이다. 마귀에 대해, 세상에 대해 그리고 육신에 대해 이미 승리한 하늘의 기쁨 안에서 그리스도와 함께하는 모든 거룩한 성인의 공동체이다. 둘째로, 안식하고 즉 잠자는 이들의 거룩한 교회이다. 연옥에서 모든 축복을 받는 이들의 공동체이며, 안식하고 잠자는 이들로 불리는 것은 축복받을 자격이 없지만, 살아 있는 성인들의 도움으로 해방을 기다리고 있기 때문이다. 셋째로, 기사도(騎士道)가 있는 전투적인 거룩한 교회이다. 세상에서 살면서 마귀와 세상과 육신과 그리고 죄와도 싸우는 선택받은 사람들의 공동체이다. 그리고 이 교회의 모든 전투자는 대왕 주 예수 그리스도의 기사(騎士)라고 부른다. 거룩한 보편적 교회는 아직 없었고, 현재도 있지 않으며, 미래에 완성될 것이다. 심판날에 모든 성인이 죽음에서 일어나고, 결점 없이, 대죄(死罪) 없이 그리고 일반적인 죄 없이 영혼과 육신이 잔치를 베풀게 될 것이다(축하하게 될 것이다). 그 시기에 승리한 그리스도의 신부가 될 것이다. 그리스도와 함께 영원한 만찬에 있을 것이다. 즉 말하자면 이것은 영원한 즐거움의 기쁨을 누리게 될 것이다. 이 기쁨보다 다른 더 큰 기쁨은 없을 것이다 — 거룩한 교회의 머리는 그리스도이시고, 그는 가장 품위(위엄) 있는 분이시며 그리고 교회를 다스리시며, 교회를 먹이시고, 각각 지체들에게 선을 행하는 영적 운동을 하게 한다. 육체의 머리도 지체들에게 활동을 하도록 정보를 주고 원기를 준다, 그래서 머리 없이 살아 있는 존재가 될 수 없다. 일반적인 상식은 아니지만, 만약 머리와 분리된 어떤 지체가 살게 되었다면, 하나님의 능력으로 가능하였을 것이다. 거룩한 교회에서 그리스도는 금과 은이 아니라 높은 덕성이 있는 위엄 있는 분이시다. 그리고 마찬가지로 가장 겸손하고, 하나님을 가장 사랑하는 분을 주 하나님이 그를 가장 존귀하게 하시고, 사랑의 구세주가 되게 하셨다: "낮아지고 자기를 낮추는 자는 높아지리라"(눅 18:14). 마리아는 하나님의 부모가 되셨다: "권세 있는 자를 그 위에서 내리치셨으며, 비천한자를 높이셨고"(눅 1:52), 거룩한 교회에서 하나님의 몸은 유일한 양식이시며, 그리스도의 피는 유일한 음료이시다: 그의 일상의 의복은 사랑이며, 유일한 목욕은 세례 또는 회개이다. 한 분 주님, 아버지 그리고 하나님 그리고 모든 성인은 하나님과 거룩한 교회의 아들들이다. 그리고 영적으로 그들은 자신들의 형제요 자매들이며 모든 영적 자산을 함께 동시에 다양하게 사용한다. 거룩한 교회에서 세 가지 결혼 상태가 있다: 부부 상태, 홀로된 상태, 미혼 상태. 그리고 다른 하나는 회개를 하였지만 무질서한 관계의 남녀들 상태이다.

• 다섯 가지 육체의 감각이다: 시각, 청각, 미각, 후각, 촉각. 모든 인간은 시각, 청각, 미각, 후각, 촉각으로 죄를 범할 수 있다.

• 성령칠은(聖靈七恩)이다: 지혜(슬기), 이성(지식), 의견(사리판단, 일깨움), 용기(견인, 굳셈), 통찰(깨달음), 선함(친밀 공경 받듦), 경외(두려워함).

• 일곱 가지 영혼을 돕는 영적 자비이다: 어리석은 자를 가르치는 것, 의심하는 자를 권면하는 것, 죄인을 치리하는 것, 슬픈 자를 위로하는 것, 죄를 용서하는 것, 불쾌한 것을 인내하는 것, 친구와 원수를 위해 기도하는 것.

• 여덟 가지 행복(팔복)이다: 첫 번째 영적 가난, 두 번째 침묵, 세 번째 애통, 네 번째 공의에 대한 갈망, 다섯 번째 자비, 여섯 번째 깨끗한 마음, 일곱 번째 영혼의 평화, 여덟 번째 공의를 위해 혐오의 인내(온유).

• 육체를 섬기는 일곱 가지 자비가 있다: 굶주린 자를 먹이는 것, 목마른 자에게 마시게 하는 것, 나그네를 맞아들이는 것, 헐벗은 자

에게 옷을 입히는 것, 병든 자를 방문하는 것, 갇힌 자를 방문하는 것, 죽은 자를 장례하는 것.

• 칠죄종(七罪宗)이 있다. 이것은 중대 죄라고 한다. 왜냐하면 모든 다른 죄의 근원이 되기 때문이다. 그 죄는 교만, 탐욕, 음욕, 질투(시기), 인색, 분노, 나태이다.

• 칠성사가 있다: 첫 번째 세례성사, 두 번째 견진성사, 세 번째 혼인성사, 네 번째 성품성사, 다섯 번째 고해성사, 여섯 번째 성체성사, 일곱 번째 마지막 성사인 병자성사이다.

• 다른 사람의 죄에 동의함에서 오는 여섯 가지 죄: 첫 번째 다른 사람의 죄를 변호하는 것, 두 번째 다른 사람의 죄를 돕는 것, 세 번째 죄를 권고하는 것, 네 번째 다른 사람의 죄를 승인하는 것, 다섯 번째 다른 사람의 죄를 막는 것을 돕지 않는 것, 여섯 번째 다른 사람의 죄를 처리하지 않는 것이다. 그리고 이 여섯 가지 방법으로 모든 대죄(死罪)를 짓는 사람은 치명적으로 죄를 짓는다. 예를 들어 간음한 사람을 의도적으로 돕거나 그를 변호하는 것 또는 간음을 제안하거나, 간음을 승인하거나, 간음을 멈출 수 있지만 멈추지 않는 것, 처벌할 수 있지만 처벌하지 않는 자는 간음죄를 짓는다. 그리고 대죄를 짓는 사람뿐만 아니라 죄를 짓는 사람들에 동의한 사람들도 죽는 것이 마땅하다고 성 바울이 로마서에서 말씀하고 있다.

• 세 가지 고해성사가 있다: 즉 참회이다. 첫 번째 진심으로 죄를 뉘우치는 것이다. 두 번째 고백이다. 겸손하게 하나님 앞에서 그리고 사제 앞에서 죄를 고백하는 것이다. 세 번째 죄에 대해 기도와 자선

과 다른 선행으로 죄를 치리받는 것이다. 특별히 교만할 때 기도하고, 음행이 일어날 때 단식하며, 욕심이 생길 때 기부하는, 이 행위들 모두는 모든 죄에 대항하는 것이다. 바른 회개자는 진심으로 과거의 죄를 참회하는 사람이다. 그리고 앞으로 죄를 짓지 않을 것을 맹세하고, 하나님이 죄를 용서하실 것을 희망하고, 하나님의 모든 명령을 수행하는 사람이다. 회개를 비웃는 사람은 항상 대죄로 돌아오는 사람이다. 그래서 이 사람은 바른 회개자가 아니다. 사람들이 회개를 하고 싶을 때 제일 먼저 죄의 큰 참회를 해야 하고, 그리고 두 번째로 죄를 짓지 않기를 원해야 한다. 그래서 자비의 구세주가 진심으로 사람들이 돌로 쳐 죽이기를 원하는 불륜의 죄를 참회하는 것을 알고, 그녀에게 말씀하신다: "가서 다시는 죄를 범하지 말라."

자비의 구세주께서 이 짧은 말씀을 읽는 사람을 기억하고, 사람이 좋은(선한) 행위를 수행하도록 우리를 도우시면 좋겠다. 이렇게 하면 죽을 때까지 그리고 죽음 이후에도 영원한 기쁨과 하나님의 자비 안에서 거할 수 있다. 아멘.[23]

6

영가(靈歌) 작사자

프라하 베들레헴 채플은 체코어 설교가 울려 퍼졌던 장소였으며, 그 공간은 노래를 배우는 성악가와 시민들의 영적 찬양이 깃들어 있었다. 후스는 라틴어 예전 찬송들을 자신의 설교에서 인용하였으며 그 의미와 구체적인 성일과 관련된 배경을 설명하였다. 어린 시절 학생이었던 후스는 미사와 교회 절기에 찬송가를 불렀다. 베들레헴 채플에서 사람들에게 찬송을 가르쳤고, 1409년부터 1412년까지 예배 시간에 체코어 "대중 찬송"(lidový zpěv)을 정규적으로 사용하였다. 제일 먼저 설교 이후에 허락된 네 편의 체코어 영가 찬송을 불렀다: "여호와여, 우리를 사랑하소서"(Hospodine, pomiluj ny), "성 바츨라프여"(Svatý Václave), "전능하신 하나님"(Buoh všemohúcí), "예수 그리스도 관대하신 사제여"(Jezu Kriste štědrý kněže). 그리고 "주기도", "사도신경"과 "십계명"을 찬송으로 불렀다. 동시에 옛 체코 노래들을 편곡하였다. 몇몇 찬송은 라틴어에서 번역하였고, 어떤 찬송은 새롭게 만든 노래였다.

마스터 얀 후스가 작사한 것으로 알려진 몇 개의 영가 가운데 하나가 "예수 그리스도 관대하신 사제여"(Jezu Kriste štědrý kněže)이다. 이 노래는 옛 체코 노래에 속하며, 14세기 전반기의 노래이다. 대중 언어로 된 찬송으로 허락되었고 1408년 총회의 성무금지령은 그 노래를 언급하지 않았다. 원본의 멜로디는 아마도 후스파들의 찬송가에 없었던 독일 성령강림절 노래에서 온 것 같다. 체코 멜로디는 체코음악

이스테브니체 찬송가의 "예수 그리스도 관대한 사제여" 후스 찬송

풍의 세련미를 보여주고 있다. 그 찬송 가사의 핵심은 첫 세 소절에 있으며 고난 받으시고 희생되신 그리스도께 드리는 기도이다. 이 노래는 원래 기도이며 예수 그리스도의 십자가 그림 앞에서 드리는 묵상이었거나 아니면 성례제단 앞에서 드리는 묵상이었다. 후자의 해석은 원본 노래의 내용과 특성에 더 가깝다. 마스터 얀 후스는 이 노래를 성례제단에 대한 노래로 이해하였다. 아마도 1409년부터 1412년 사이에 후스가 두 절의 가사를 교정하였고, 그리고 성례제단에서 예수 그리스도에게 경배하는 내용의 가사 한 절을 더 추가로 작사하여 사용한 것 같다. 모두 21개의 절로 이루어진 이 노래는 당시 확산되던 하나님의 몸의 중세 예식과 관련이 있다. 가사의 모든 절 마지막 부분 후렴을 후스는 헬라어 "키리에 엘레이손"(Kyrie eleison)을 체코어 "당신의 자비로부터"(z tvé milosti)로 대신하였다. 후스 시대의 사람

들이 이 노래를 "이스테브니체 찬송가"(Jistebnický kancionál, 역자주: 후스파 운동이 강하게 일어났던 남체코 지방의 도시인 이스테브니체에서 1872년에 어떤 고등학교 학생이 15세기 후스파가 사용한 찬송가를 발견하여 후에 그 도시이름을 붙인 찬송가로 명명)가 언급한 대로 후스의 노래라고 했다: "우리가 영원히 기억해야 할 마스터 얀 후스가 하나님 경배와 찬양을 위해 그리고 하늘 왕국의 모든 것을 경배하기 위해 이 노래를 만들었다." 이종성찬 교회의 찬송가에 포함된 이 노래는 성례전 경배로 사용되었으며 그리고 이종성찬주의자들이 지키고 경축하는 하나님의 몸의 축일과 관련이 있었다.

후스가 쓴 것으로 알려진 가사는 체코 영가의 구 형태에서 이미 나오는 대로 마리아 경배와 천사들과 성인들 숭배와 관련이 있는 절들이 있다. 후스의 생애 기간인 1414년에 다시 시행된 성찬잔을 받는 것을 강조하는 체코 종교개혁 프로그램에 따라서 노래의 가사는 그리스도의 살과 피를 모두 강조하였다. 형제단(Jednota bratrská)은 후스와 이종성찬주의자들이 찬송에서 강조했던 그리스도의 몸의 축제 부분을 "그리스도의 순교와 대속의 희생에 대한" 내용으로 바꾸어 찬송가에 넣었다. "예수 그리스도 관대하신 사제여"(Jezu Kriste štědrý kněže) 찬송은 현재 체코형제복음교회, 체코슬로바키아 후스교회, 형제교회, 감리교회 그리고 침례교회 찬송가에 포함돼 널리 알려졌고 대중적으로 불리고 있으며, 몇몇 교회들은 성례전 주제의 절을 빼고 사용하고 있다. 그리고 가톨릭도 이 찬송에 마리아를 경배하는 가사를 새로운 절로 추가하고, 후렴 부분인 키리에 엘레이손을 헬라어로 바꾸

"진리가 이긴다(Veritas vincit)" 휘호가 있는 이종성찬 그림

어 자신들의 찬송가에 포함시켰다. 현재 체코형제복음교회 찬송가 308장에 수록되어 있고, 7월 6일 마스터 얀 후스 기념주일뿐만 아니라 다른 예배에서도 특별히 성만찬을 받는 동안에도 부르고 있다. 후스가 작사한 노래에서 몇 개의 절들이 생략된 채 1922년부터 카렐 파르스키(Karel Farský) 박사의 찬송가에 이미 수록되었지만, 노래 본래의 성례적 특성과 목적이 그대로 보존되고 있다. 후스가 수정한 것으로 알려진 다른 오래된 체코 노래로, 기도인 "그리스도여 우리에게 오소서"(Navštěv nás Kriste žádúcí)이다. "영광의 왕이시여, 선하신 그리스도여"(Králi slavný, Kriste dobrý) 그리고 "예수 그리스도 우리의 구원"(Jesus Kristus naše spása)은 후스가 쓴 것으로 알려진 노래들이다. 체코 종교개

혁에서 대중들의 영가 찬송이 발전하였다. 이 찬송으로 대중들은 예배에 적극적인 참여자들이 되었다. 이것을 우리는 이종성찬교회와 형제단의 많은 찬송가들을 통해서 볼 수 있다. 후스는 뛰어난 활동으로 영가의 발전에 기여하였다.[24]

7

신학자
그리고
교회 개혁자

마스터 얀 후스는 주로 교회에 대한 주제를 연구했던 신학자였다. 스콜라 철학이 절정에 달했던 시대인 중세시대 신학사상에서 교회에 대한 주제가 크게 주목받지 못하였다. 유럽 대학들이 사용한 스콜라 학파 설립자 가운데 한 사람인 피터 롬바르드(Petrus Lombardus)의 『명제집』(Sentences)에도 교회에 대한 연구는 독립적인 별도의 장(chapter)으로 다루지 않았으며, 토마스 아퀴나스(Tomas Aquinas)의 『신학대전』(Summa Teologiae)에도 나오지 않는다. 교황의 권위가 있는 교회는 확고하게 정해져 있고 의심할 수 없는 것으로 여겨졌다. 신학적 사색의 질문들과 토론들보다 법적인 문제를 더 다루었다. 서방교회의 분열 ─ 두 교황의 대립으로 인한 교회의 대분열 ─ 시기가 되어서야 교회에 대한 신학적 글들이 나타나게 된다. 이 주제는 강력하게 종교개혁 출발의 선두에 등장한다. 종교개혁은 교회의 내적 본질을 강조하였다. 교회는 그리스도가 머리인 영적 육체이다. 이 의미는 에베소서에 나온다: "만물을 그의 발 아래에 복종하게 하시고 그를 만물 위에 교회의 머리로 삼으셨느니라 교회는 그의 몸이니 만물 안에서 만물을 충만하게 하시는 이의 충만이니라"(엡 1:22-23). 종교개혁에 의해 특별히 교회가 "그리스도의 신비의 몸"(Corpus mysticum Christi)이라고 할 때, 로마 가톨릭은 종교개혁에 대한 대응으로, 교회의 성직위계제도적인 면과 법적인 면을 강조하였다.

후스의 글『교회에 대하여』(De ecclesia)는 이러한 체코 종교개혁의 가장 유명한 역작들 가운데 속한다. 콘스탄츠 공의회에서 팔레치의 슈테판(Štěpán z Pálče)과 다른 반대자들이 그의 전집에서 뽑아낸 30쪽 분량의 글들 때문에 마스터 얀 후스는 이단으로 판결을 받아 사형을 당하였다. 그 글들 가운데 20쪽이 교회에 대한 연구와 교황제도에 대한 의견을 언급하였다. 1413년에 완성된 후스의 글은 반론으로 논증한 것이며 라틴어로 쓰였다. 교회에 대한 신학적 견해들이 라틴어와 체코어로 쓴 "믿음에 대한 주석"(Výklad víry), "강해집"(Postila) 또는 소위 "크리스천 교육의 핵심"(Jádro učení křesťanského) 그리고 다른 글들에서도 나타난다.『교회에 대하여』가 신학적 논쟁이 되었음에도 불구하고, 후스는 어떤 경우에도 이론적 토론만을 하지 않았고, 실천에 대해 토론하였다. 당시 교회의 상태와 단체와 활동에 대한 비판은 성서 신학적 관점에 근거하고 있다.

실천의 목표는 후스의 라틴어 글 "교회에 대하여"와 어느 정도 대비되는 그의 글 "성직매매에 대하여"(O svatokupectví)에서 분명하게 드러난다.

마스터 얀 후스는 지상의 교회와 하나님의 교회를 구별하고 있다. 그것은 눈에 보이는 교회(ecclesia visibilis)와 눈에 보이지 않는 교회(ecclesia invisibilis)에 대한 주제로 표현되고 있다. 후스에 따르면 하나님에 의해 예정되고(předurčení) 승인된(předzvědění) 사람들의 모든 종류의 모임은 지상의 교회에 속한다. 눈에 보이는 교회는 각양각색의 몸(corpus permixtum)이다. 모든 종류의 물고기를 모으는 어부의 그물에 대한 비유(마 13:47), 결혼 예복을 입지 않고 들어온 혼인 잔치에 대한 비유(마 22:11-14), 함께 자라는 밀과 가라지에 대한 비유(마 13:36-43, 비교 마 3:12) 그리고 양과 염소의 비유(마 25:32) 등, 마태복음에 나오는 예수님의 비유를 후스는 자신의 논문들에서 언급하고 있다.

후스의 예정과 승인에 대한 가르침, 눈에 보이는 교회와 보이지 않는 교회에 대한 가르침을 성경의 메시지와 일치시키는 것이 쉽지 않다. 후스는 권력적으로 제도적으로 이해하고 있는 교회에 근거를 두고 있는 그의 반대자들보다 인간 구원에 대한 성경의 메시지에 더 가까이 서 있었다. 교회는 중세시대에 마지막 심판을 수행하는 절대적인 권위로 이해되었다. 교회와 각각의 개인의 구원의 최종적인 완전한 모습을 위해 마지막 날의 최종적인 하나님 심판은 결정적인 전환점이 될 것임을 후스는 고집스럽게 정확히 기억시키고 있다. 마태복음의 비유로 표현된 마지막 그리스도 심판 앞에선 교회는 마지막 심판 이후의 교회와는 완전히 다른 것이다. 그러므로 올바른 교회는 지금까지 눈에 보이지 않는다. 후스의 가르침은 그 시대의 전후 사정과 당시 교회의 위기 상황에서 이해하여야 한다. 복음의 의미에서 교회의 사명과 당시 성직제도 조직의 합법적인 실천들 간의 갈등을 후스가 지상의 교회와 일치하지 않는 하나님에 의해서 예정된 사람들의 교회에 대한 위클리프 이론을 받아들여서 해결하였다. 교회 제도적으로 중세의 계급화된 공동체는 하나님의 교회와 잘못 동일시되었다. 후스는 지상에서 첫째 되는 사람들이 하나님 나라에서 반대로 마지막이 될 수 있다는 복음 메시지의 역설을 지적하였다. "교회에 대하여" 글에 들어가 있는 후스의 기도의 결론에 따르면, 하나님의 왕국에 오직 좁은 길로 들어간다고 하였다. "전능하신 주님, 당신은 길이요, 진리요, 생명입니다. 이 시대에 당신과 함께 걷는 사람들이 얼마나 적은지 당신은 아십니다. … 당신의 적은 무리 양떼들이 당신을 낙심시키지 않고, 마지막까지 좁은 길로 당신을 뒤따르도록 축복하소서."[25] 마스터 얀 후스의 성서 연구에 따르면 교회는 자신의 본질과 섬김의 기능과 하나님 나라의 종말론적인 차원을 항상 생각하는 것을 결코 잃어버려서는 안 된다. 다음은 "교회에 대하여"에서 발췌한 글이다.

"교회에 대하여"에서

그리스도가 교회의 머리로 불리며, 모든 지체를 움직이고 지각하게 하시기 때문에 인류들 가운데 가장 품위 있는 분이심을 우리는 알아야 한다. 인간에게 가장 중요한 신체 부분이 머리이며, 신체를 움직이고 인식하도록 하는 인간의 이성이다. 머리 없이 어떤 신체도 실제로 자연적인 생명으로 살 수 없는 것처럼, 참 하나님이시며 참 인간이신 그리스도는 자신의 교회와 그의 모든 지체에게 영적인 삶과 활동을 하게 하신다. 그의 영향 없이 살 수도 인식할 수도 없다. 인간의 머리 안에 모든 오감이 집중되는 것처럼 그리스도 안에 "지혜와 지식의 모든 보화가 감추어져 있다." 이 말씀은 골로새서 2장에 나온다. 앞에서 언급한 대로, 사도의 편지 골로새서 1장에 있다: "만물이 그에게서 창조되고 그가 만물보다 먼저 계시고 만물이 그와 함께 섰느니라. 그는 몸인 교회의 머리시라 그가 근본이시요, 죽은 자들 가운데서 먼저 살아나신 이시니 이는 친히 만물의 으뜸이 되려 하심이요."

고린도전서 12장에서 사도는 교회의 몸의 일치를 보여준다. 우선적으로 "은사와 섬김과 사역의 다양성"은 모든 것 안에서 활동하시는 한 분 영적인 주님으로부터 온다. 제일 먼저 은혜가 있어야 한다. 은혜는 사제들에게 섬김의 시작이며, 평신도들에게 활동의 시작이다. 그 은혜는 성령이 준다.

주님이 섬김을 받아들이고 하나님은 섬김을 요구한다: "어떤 사람에게는 성령으로 지혜의 말씀을, 어떤 사람에게는 같은 성령을 따라 지식의 말씀을, 다른 사람에게는 같은 성령으로 믿음을, 어떤 사람에게는 한 성령으로 병 고치는 은사를, 어떤 사람에게는 능력 행함을, 어떤 사람에게는 예언함을, 어떤 사람에게는 영을 분별함을, 다른 사람에게는 각종 방언을 말함을, 어떤 사람에게는 방언을 통역함을 주시나니." 사도는 마찬가지로 은사를 받은 사람들에게 그 순서대로 이 아홉 가지를 비교하는 것처럼 보인다: "하나님이 교회 중에 몇을 세우셨으니 첫째는 사도요, 둘째는 선지자요, 셋째는 교사요, 그 다음은 능력을 행하는 자요, 그 다음은 병 고치는 은사와 서로 돕는 것과, 다스리는 것과 각종 방언을 말하는 것이라." 이 아홉 가지는 앞의 목록과 맞아떨어진다. 그곳에서 사도는 교회의 몸과 그의 지체를 자연인의 몸과 비교한다: "몸은 하나인데 많은 지체가 있고, 몸의 지체가 많으나 한 몸과 같이 그리스도도 그러하니라."

***

"이에 예수께서 베드로에게 말씀하시되 내가 천국 열쇠를 네게 주리니 네가 땅에서 무엇이든지 매면…." 자신의 능력을 확대하기 위해 사람들은 이 말씀을 자주 사용한다. 그러나 주님이 요한복음 21장에서 베드로에게 "나를 따르라" 그리고 "내 양을 먹이라"고 하신 이러한 말씀을 듣고 싶어하지 않는다. 비슷하게 마태복음 18장에서 예수님이 제자들에게 말씀하신 "무엇이든지 너희가 땅에서 매면 하늘에서도 매일 것이요…"를 감사함으로 받아들이고 자랑하게 된다. 그러나 마태복음 10장에서 예수님은 "너희 전대에 금이나 은이나 동을 가지지 말라"라는 말씀은 사람에게 해로운 것처럼 피하고 있다. 비슷하게 "성령을 받으라, 너희가 누구의 죄든지 사하면 사하여질 것이요, 누구의 죄든지 그대로 두면 그대로 있으리라"는 요한복음 20장에서 예수님이 제자들에게 말씀하신 것을 주저하지 않고 받아들인다. 그러나 "나는 마음이 온유하고 겸손하니 내게 배우라"—성령에게 장소를 마련하는 침묵과 겸손의 마태복음 11장에서 말씀하신 것을, 자신의 마음에 받아들이지 않는다. 주님이 누가복음 10장에서 제자들에게 "너희 말을 듣는 자"라고 말씀하신 것을 자신에게 복종하는 의미로 사람들은 이해하고 있다. 그러나 마태복음 20장에서 "이방인의 집권자들이 그들을 임의로 주관하고, 그 고관들이 그들에게 권세를 부리는 줄을 너희가 알거니와. 너희 중에는 그렇지 않아야 하나니 너희 중에 누구든지 크고자 하는 자는, 너희를 섬기는 자가 되고, 너희 중에 누구든지 으뜸이 되고자 하는 자는, 너희의 종이 되어야 하리라. 인자가 온 것은 섬김을 받으려 함이 아니라 도리어 섬기려 하고"―사람들이 가장 좋아하는 이러한 선언은 말과 실천으로 공격을 한다. 말과 실천으로 다스려야 한다고 주장하는 것은, 주 예수 그리스도의 활동에 따라서 교회를 섬기는 것을 원치 않았기 때문이다.

짧게 정리한다면 그들의 허상에 따라 세상에서 부유하고, 사치스럽고, 유명한 사람이 되어야 한다고 말하는 성경 특히 복음의 모든 가능한 선언을 곱씹으면서, 전파하며 폭넓게 펼치지만, 가난, 침묵, 겸손, 관용, 덕행, 노력 또는 인내와 같은 것을 억압하거나 자기 마음대로 주석을 제공하거나, 또는 구원에 속하지 않은 것처럼 거절하고 있다.

가장 나쁜 궤변론자인 마귀는 그들의 무지로 그들을 유혹한다. 즉 "그리스도가 그러한 권능을 베드로와 다른 사도들에게 주었다"는 것을 근거로 자신들에게도 똑같이 그 권능이 주어졌다고 하였다. 그들은 스스로 현혹되어 무엇이든지 원하는 모든 것을 할 수 있다고 생각한다. 마찬가지로 이러한 결론에 따라 그들이 그리스도와 함께 영원히 왕위에 앉기 위해 교회를 심판하는 가장 축복이 있는 사제들이 있다고 생각한다. 그의 선하신 기쁨을 따라 사도들에게 주어진 능력은 그의 신부를 섬기는 것을 향하고 있는 것을 아신, 자신의 사도들에게 이와 같은 선언을 하신 전지하신 그리스도가 축복하사.[26]

8

목회자와 민족에게 보낸
시대를 초월한
편지

사도 바울 시대부터 편지는 기독교의 목회적 돌봄의 주요한 수단이었다. 수많은 후스의 편지 역시 중요한 목회적 목적과 내용을 갖는다. 실재하거나 전해지는 그리고 출판되어 인쇄된 체코 종교개혁자의 편지들 중에 "여러분이 서로 사랑하고, 선한 사람들을 폭력으로 억압하는 것을 허락하지 않도록 그리고 모든 사람에게 진리가 있도록 원하십시요"라는 유명한 간청이 있는 편지가 특별히 주목을 끈다. 우리는 전체 편지의 중심되는 요청과 후스의 시대를 초월한 간청을 전체 편지의 흐름에서 바르게 보아야 한다. 그 편지의 내용을 보자. 편지 저자 마스터 얀 후스는 서론에서 "소망 안에 있는 하나님의 섬김(종)"이라는 명칭으로 자신을 소개한다. 고대 체코어 단어 "sluha(섬김)"은 현대 체코어 단어 "služebník(종)"를 의미한다. 후스는 자신에 대해 마치 자신을 "하나님의 일꾼"으로 명칭하였던(고후 6:4) 사도 바울처럼 반복적으로 "섬김(종)"이라고 말하였다.

후스의 친필

편지의 수신자들을 후스는 "모든 신실한 체코인에게"라고 특정해, 이 수신자 이름이 이 편지의 별칭으로 불린다. 보후밀 마레시 (Bohumil Mareš)는 후스의 편지들을 출판하면서 제목을 "체코 모든 민족에게"(p.222)라고 붙였다. 보후밀 리바(Bohumil Ryba)는 편지를 "체코의 친구들에게"(p.194)라고 제목을 달았다. 이 편지는 체코인들에게 보낸 것이다. 이어지는 인사는 편지의 수신자들은 남자들과 여자들 그리고 "부자"와 "가난한 자"들과 같은 여러 사회 계층의 사람들이다. 편지는 목회적 권면으로 시작하는데, 더 정확하게 말해 하나님의 말씀을 듣는 것과 실천을 위한 권면으로 시작한다.

후스는 성경과 전통(성인들의 말씀)들이 언급하였던 것을 자신의 설교와 저술에서 사용하였던 하나님의 진리에 대해 언급한다. 편지의 이 부분에 후스의 독특한 겸손이 나타나며, 하나님의 진리로부터 벗어나는 어떤 것도 뒤따르는 걸 원치 않은 것을 보여준다. 하나님의 말씀에 자신을 헌신하며, 생명의 선한 길을 분별하는 사제들에 대한 존경을 권면한 것은, 양의 옷을 입고 나아오지만 속에는 노략질하는 이리인 사람들(마 7:15)에 대한, 예수님의 말씀을 불순종하는 사제들에 대한 경고이다. 영주들에게, 그들의 농노들에게, 도시민들과 기술자들 각각에게 그들이 법에 따라 각자 자신의 일들을 바르게 하도록 간청한다. 카렐 대학 전(前) 총장으로서 편지에서 마스터들과 학생들에게 특별한 관심을 기울인다. 교사들에게 세계적인 명성에 대한 갈망과 욕심이 아니라 하나님에 대한 사랑과 대학의 번영을 동기로 삼도록 간청한다. 학생들에게 선하게 자신의 교사들을 따르도록 그리고 학업에 전념하도록 호소한다.

후스는 편지에 자신의 투쟁에서 그를 편들어 주고 도와주었던 체코와 모라바의 영주들 이름을 적는다. 가장 먼저 콘스탄츠까지 안내해 준 두바의 바츨라프(Václav z Dubé), 흘룸의 얀(Jan z Chlumu)에게 감사한다. 폴란드 왕국의 영주들도 소개한다. 공의회에서 자신을 비방하고 모욕을 준 몇몇 체코인이 있었던 것을 언급한다. 후스는 통치자들을 위한 초대 기독교 기도의 방법에 따라(딤전 2:1-4) 바츨라프 4세 왕과 왕비 소피에 그리고 세상의 통치자들을 위한 중보기도를 한다. 이 편지는 사도 바울이 감옥에서 몇몇 편지를 쓴 것처럼(비교: 빌 1:7, 1:13) 수갑을 찬 채 수감되어 이 편지를 썼음을 보여준다. 자신의 친구 마스터 예로님 프라주스키(Mistr Jeroným Pražský)에 대해 언급할 때, "사랑하는 동료"처럼 그에 대해서 말한다. 그 역시 옥중에 있고, 후스처럼 판결을 기다렸음을 알 수 있었다. 후스는 장기 복역을 하였으며, 고트리벤(Gottlieben) 성 감옥에서 독방에 있었다. 이 편지를 썼을 때, 콘스탄츠의 프란치스코 감옥에 있었으며, 6월 초경 공의회 최고 대표들의 반복되는 심문을 견뎠다. 그러나 그의 편지는 그의 믿음을 그리고 그가 생각하였고 편지로 안부를 묻기를 원했던 알고 있는 사람이나 모르는 사람 모두와의 깊고 따뜻한 관계를 유지하였다. 후스는 10여 년 동안 민족의 언어로 하나님의 말씀을 설교한 장소였던 프라하 베들레헴 채플과 없어서는 안 될 중요한 관계를 맺었다. 그래서 후스는 프라하 시민들이 이 장소를 지키도록 그리고 하나님의 말씀을 체코어로 설교하는 장소로서 보호하도록 호소하였다.

편지의 결론에 가장 유명한 후스의 간청과 목회적 권면이 들린다:

"여러분이 서로 사랑하고, 선한 사람들이 폭력으로 억압당하지 않도록 그리고 모든 사람에게 진리가 있도록 간구합니다." 후스는 첫 번째 부분에서 그리스도의 명령(요 13:34; 요 15:12)과 사도들의 권면(롬 12:10; 골 3:14; 요일 3:11)에 따라 서로 사랑하기를 권면한다. 두 번째 부분에서 공의로운 자들과 연약한 자들을 억압하는 것을 반대하는(렘 22:3; 겔 22:29) 성서의 예언자들의 증언과 일치하는 권리와 공의의 행위를 언급하고 있다. 세 번째 부분에서 후스를 특징 지우고, 후스가 매우 자주 강조하여 사용하는, 특별히 하나님의 진리와 그리스도의 진리의 의미로서(요 8:32; 요 17:17,19) 진리의 개념을 담고 있다. 후스의 말에서 "다른 사람에게 진리가 있기를 원하는 것"의 의미에는 분명하고 확실한 관용의 특징과 개방성의 관점이 있다. 그러나 후스는 진리의 가치를 상대화하지 않았으며, 대화로 하나님의 진리를 함께 찾았다. 편지의 결론은 축제일인 6월 15일 성 비트의 날 직전 월요일에 쓴 것으로 되어 있다(역자주: 체코 달력은 매일 성인의 날이 정해져 있다. 성 비트의 날도 그중 하나이다). 이 자료로 인하여 1415년 6월 10일 쓰였을 것으로 추측한다. 후스는 편지를 전달하는 것에 대한 코멘트를 첨부한다. 아마도 몇몇 간수 가운데 후스에게 경도된 한 사람이 있을 수 있었다. 그는 "좋은 천사"처럼 이 편지를 감옥에서 밖으로 운반하여, 수신자에게 제대로 전달하였다. 그래서 체코 종교개혁자의 이 편지는 후스의 동시대인들을 제한하지 않고 많은 수신자에게도 전달될 수 있었다. 다음 문장은 콘스탄츠에서 보낸 유명한 후스의 편지이다.

체코의 친구들에게

마스터 얀 후스는 하나님의 종의 소망으로, 주 하나님을 사랑하고 또 사랑할 모든 신실한 체코인에게 다음과 같이 그들을 위한 기도를 편지로 보냅니다: 주 하나님이 자신의 자비 안에 삶과 죽음을 주시고, 하늘의 기쁨 안에 영원히 살게 하옵소서, 아멘.

하나님의 신실하고 사랑하는 신사 숙녀, 부유한 자, 가난한 자여! 주 하나님에게 순종하도록 그의 말씀을 찬양하고 그리고 기쁘게 듣고 실천하도록 여러분에게 요청을 하며, 이를 다시 기억시켜드립니다. 내가 하나님의 율법과 성자들의 말씀을 근거로 설교를 하고 글로 썼던 하나님의 진리를 여러분이 지켜 주십시오. 물론 내가 그렇게 하지는 않았다고 생각하지만, 만약 내가 하나님의 진리를 거스른 설교나 개인적인 글을 쓴 것이 있다면, 그것을 지키지 말아 주십시오. 만약에 말과 행위에서 나의 가벼운 태도가 있었다면, 나를 따라 하지 말고, 하나님이 나를 용서해 주시도록 기도해 주십시오.

특별히 하나님의 말씀을 섬기는 사제들은 선한 태도를 사랑하고 찬양하고 존중하십시오. 교활한 사람들, 특별히 선하지 않은 사제들 즉 양의 옷을 입고 속에는 노략질하는 이리라고 구세주가 말씀하신 사제들을 주의하십시오. 영주 여러분, 가난한 백성들을 자비롭고 바르게 다스리십시오.

시민 여러분, 여러분의 상점을 바르게 운용하십시오. 장인(匠人) 여러분, 신실하게 자신의 기술을 발휘하고 사용하십시오. 농노 여러분,

영주들을 신실하게 섬기십시오. 마스터 여러분, 좋은 삶을 살면서 학생들을 신실하게 가르치십시오. 가장 우선 하나님을 사랑하도록, 하나님을 찬양하는 것과 마을의 유익과 자신의 구원을 위해 가르쳐야지, 세속적 욕망과 부요함을 위해서 가르치지 마십시오.

학생 여러분, 마스터에게 잘 순종하고 따르십시오. 하나님의 영광과 자신과 타인의 구원을 위해 열심히 공부하십시오.

영주들, 두베와 네슈트노의 바츨라프, 흘룸의 얀, 프룸로브의 인드르지흐, 빌렘 자예츠, 미시카 그리고 보헤미아와 모라비아의 다른 영주들, 폴란드 왕국의 신실한 영주들에게 모두가 감사하십시오. 왜냐하면 하나님의 용감한 보호자로서 그리고 진리를 세우는 것을 돕는 자로서 나의 석방을 위해 여러 가지 방면으로 노력을 하며 여러 번이나 공의회를 반대하면서 특히 두베의 바츨라프 그리고 흘룸의 얀이 공의회의 질문에 내가 대답을 하는 여러 날 동안 그 회의에 참석하였기 때문에 그들이 앞으로 말하는 것을 믿으십시오. 그들은 어떤 체코인들이 나를 반대하면서 나쁜 짓을 했다는 것을 알고 있습니다. 나를 반대하던 공의회가 나에게 소리를 지르고 나에게 요구한 것을 내가 어떻게 대답했는지도 그들은 알고 있습니다.

여러분, 로마와 체코 왕을 위해 주 하나님께 기도해 주십시오. 그리고 여러분의 왕과 영주를 위해 사랑의 주 하나님이 그들과 함께 그리고 여러분과 함께 자비와 지금 여기에 영원한 기쁨이 풍성하기를 기도해 주십시오. 아멘. 하나님 안에서 소망을 가지고 내가 하나님의 진리를 퇴보시키지 않도록, 그리고 증언자들이 나를 잘못 증언하는 거짓을 인정하지 않도록 나는 옥중 철장 안에서 착고에 차여 재판으로부터 사형 판결을 기다리며 이 편지를 여러분에게 썼습니다. 하나님 곁에서 기쁨으로 그리고 그의 도우심으로 우리가 다시 만나게 될 때, 주 하나님이 나와 함께 자비를 행하시며 나쁜 유혹 중에서도 나와 함께 하심을 여러분들이 알게 될 것입니다. 나의 사랑하는 동료 마스터 예로님에 대해서 열악한 옥중에 있으며 나처럼 죽음을 기다리며 용감하게 체코인들에게 자신의 믿음을 보여주고 있다는 것 외에 다른 어떤 것도 나는 알지 못합니다. 가장 잔인한 우리의 적들로 나를 권력에 넘겨 감옥에 갇히게 한 어떤 체코인들을 위해 하나님께 기도해 주십시오.

특별히 프라하 시민 여러분, 베들레헴 채플을 사랑하고, 주 하나님이 축복하시는 동안, 그곳에서 하나님의 말씀이 선포되게 하십시오. 이 베들레헴 채플 때문에 마귀가 이 교회당에서 자신의 지배가 종식된 것을 알았기에 분노하였고, 그래서 사제들과 교회법관들을 분노하게 하였습니다. 주 하나님이 이 교회당을 자신의 뜻대로 보호하고, 용감하지 못한 나보다 다른 사람을 통해서 그곳에서 더 큰 성공이 있도록 하시길 바랍니다. 서로 사랑하도록, 폭력으로 선한 사람들이 억압당하지 않도록 그리고 모든 사람에게 진리가 있도록 하십시오.

성 비트의 날 직전 월요일 밤에 선한 천사 인편에 편지를 보냅니다.[27]

9

평화의
사도

얀 후스가 크라코베츠(Krakovec) 성에서 피신생활을 하는 동안 콘스탄츠 공의회에서 할 공식적인 설교로 "평화에 대한 이야기"(Sermo de pace)를 작성하였던 것 같다. 그는 공의회 회의에서 "이 집에 평화를"(마 10:12)이란 그리스도와 사도의 인사법에 따라서 이 이야기를 언급할 것을 생각하였다. 이 요절은 주제에 따른 계획된 전체 설교에 기초하고 있다. 후스에 따르면 두 종류의 평화가 있다: 하나님의 평화(평안) 그리고 세상의 평화이다. 하나님의 평안은 세 개의 차원을 갖는다: 하나님과의 평화, 자기 자신과의 평화, 인간과의 평화. 후스는 체코어 강해집(Postila)에서 이미 이 세 가지 평안에 대해 언급하였다.

크라코베츠 성 내부전경(19세기 J. 마르자크 그림)

"자비로우신 구세주가 제자들에게 평안을 주는 것이 필요해서, 그는 인간으로 태어나셔서, 고난을 당하셨고, 죽음에서 부활하셔서 하나님과 인간 사이에, 인간과 인간 사이에, 그리고 인간과 그의 영혼 사이에 평화가 있게 하였습니다."[28]

사람들 사이에 필요한 예상되는 평화는 하나님과의 평화이며, 자기 자신과의 평화이다. 이러한 올바르고 심오한 평화는 하나님의 명령들을 간직하는 것에 기초를 하고 있다. 세상의 평화는 가장 큰 가치이며 그리고 사람들은 자연스럽게 그 평화를 갈망한다. 후스는 "하나님의 도성에 대하여"라는 아우구스티누스의 글을 인용하여 소개한다.

　　"평화의 가치는 매우 커서, 이생과 저생에서 이보다 더 큰 기쁨을 들어볼 수 없을 정도이며, 이 보다 더 크게 갈망하는 것은 없으며, 결국 이보다 더 좋은 것을 우리는 발견할 수 없다."

　세상의 평화가 하나님의 평화와 다른 것은 불확실성이다. 세상의 평화는 몇몇 협력자들 간의 교활한 협상에서 이루어진다. 후스는 이와 관련하여 요한복음서의 예수님의 말씀(요 14:27)을 떠올린다. 중요한 차이는 선하고 악한 사람들 모두가 세상의 평화를 가질 수 있으나, 하나님의 평안은 오직 선한 사람만이 갖는다는 점에 있다. 후스에 따르면 그리스도의 법을 포기한 고위 성직자들이 전쟁과 교회의 분쟁에서 가장 큰 죄를 짓는다. 후스는 특히 교황 그레고리오(Gregorius)와 시토회 대수도원장 클레르보의 베르나르드(Bernard of Clairvaux)와 같은 교회에서 인정받는 권위들에 근거하여 성직자들을 비판하였다. 하나님과 그의 율법의 공의는 연대이고 겸손이며, 자발적 가난이고 정결이며, 인내이고 복음의 실천적 설교이다. "평화에 대한 이야기"는 특별히 성직자들을 겨냥하고 있는 설교이다. 교회 개혁에 대한 갈망의 동기로 쓴 모든 자신의 글과 설교를 통해 베들레헴 채플 설교자는 사제들에 대한 비판과 교회 개혁에 대한 자신의 열망을 말하였으며, 올바른 평화에 대해 콘스탄츠 회의에서 공개적으로 표현하길 원하였다. 후스는 자신의 다른 글에서도 평화와 평안을 주제로 삼았다. 예를 들어 1414년쯤에 발송된 프라하 시민들에게 보내는 그의 편지에 더 풍성해진 후스의 평화의 갈망이 담겨 있다.

"평안의 선생님이 자신의 제자들에게 평안을 가르치셨습니다. 평강이 있을지어다 말씀하시기 위해 집에 들어가셨습니다. 그리고 죽음에서 일어나셔서 그들에게 가셔서 말씀하셨습니다. 평강이 있을지어다.

붕괴된 크라코베츠 성

제자들을 떠나 죽음의 길로 가길 원하셔서 그들에게 말씀하셨습니다: "평안을 너희에게 끼치노니 곧 나의 평안을 너희에게 주노라." 그러므로 사랑하는 자들이여, 나는 예수님이 하신 대로 그로부터 오는 평화를 여러분에게 주고 싶습니다. 도덕적으로 살면서 원수들과 마귀들과 세상과 육신에 대해 승리하는 여러분이 되도록 여러분에게 주님의 평안이 있기를 원합니다. 자신의 친구도 원수도 사랑하도록 여러분에게 주님의 평안이 있기를 원합니다. 이성적으로 말할 수 있도록 여러분에게 평안이 있기를 바라며, 유익하게 침묵할 수 있도록 여러분에게 평화가 있기를 빕니다. 겸손하게 듣는 사람, 분노하며 사소한 다툼을 하지 않는 사람, 이성적으로 말하는 사람, 사소한 다툼을 극복한 사람, 유익하게 침묵하는 사람들은 타인에게 상처를 주지 않기 때문에 자신의 양심이 평안합니다."[29]

후스파들의 종교개혁 시대를 일반적으로 단순하게 폭력과 전쟁의 시기로 생각하고 있다. 그러나 평화와 평안의 동기는 체코 종교개혁 대표자들의 사상적인 업적과 투쟁에 실재하는 중요한 요소이다. 평화와 평안은 산상 설교에서 "화평하게 하는 자는 복이 있나니 그들이 하나님의 아들이라 일컬음을 받을 것임이요"(마 5:9)라고 예수가 말씀하신 것처럼, 예수의 복음과 밀접하게 연결된 가치들이다. 체코 기독교 역사의 세 명의 인물은 매우 유명한 평화와 평안의 메시지 전달자들이다. 우선적으로 마스터 얀 후스이다. 두 번째는 후스파 왕 또는 이종성찬 사람들의 왕이며, 평화의 비전을 가지고 있고 유럽의 동맹국가들에 대한 외교적 노력을 한 포데브라디의 이르지(Jiří z Poděbrad)이다. 세 번째는 형제단(Jednota bratrská)의 평화주의 분위기의 영향을 받은 얀 아모스 코멘스키(Jan Amos Komenský)이며, 그는 "인간의 문제를 개정하는 일반적 상담"에서 빛과 평화와 기쁨을 향하는 사회의 세계 질서를 회복하는 프로그램에 대해 발표하였다.[30]

이 세 사람은 공통적으로 자신들의 활동이 체코 지경과 국경을 넘어, 유럽과 세계의 차원에서 의미를 지닌다. 얀 후스가 공의회에 감으로써, 체코 종교개혁을 유럽과 세계의 문제로 만들었다. 포데브라디의 이르지는 1462년 자신의 평화의 제안으로 체코 지경을 넘어섰으며, 그리고 외교적 노력으로 민족들과 국가들 간의 안전과 협력을 확대하는 방향으로 유럽이 발전할 수 있도록 영향을 끼치기를 원하였다. 얀 아모스 코멘스키는 전세계 차원과 관련된 "일반 상담"을 통해 조화로운 공존과 지속적인 평화를 위한 인간의 혁신과 교육에 대하여 생각하였다. 콘스탄츠에서 평화에 대한 후스의 설교는 들려지지 못하였다. 포데브라디의 이르지의 평화 계약에 대한 제안도 실현되지 못하였다. 사람들과 민족들 간의 평화적 해결과 협력에 대한 얀 아모스 코멘스키의 비전 역시 그의 시대에 실현되지 못하였다. 그럼에도 불구하고 그들의 생애의 투쟁은 헛되지 않았다. 하나님과 자기 자신 그리고 사람들 사이의 올바르고 깊은 평화에 대한 후스의 갈망과 노력이 시대를 초월한 상상력으로 남아 있는 것은, 그것이 높은 단계의 가치를 언급하고 있기 때문이다.

"평화에 대한 이야기"에서

여기에 저는 가장 작은 자로 우리 구속자와 대제사장과 그의 사도들의 발자국을 확고하게 따르며, 그리고 저의 설교의 기초인 서론에서 주님의 그리고 구원자의 말씀, "이 집에 평화를"을 선택합니다.

인류의 구속자는 자신의 제자들에게 두 가지 방법으로 평화를 제안하였습니다. 하나는 신약 요한복음 14장(27절)에 의하면 작별하는 그날 밤에, 마지막으로 자신의 자비를 죽음 직전에 보여주었으며, 아버지의 사랑 안에서 가장 사랑하는 자녀들에게 가장 좋은 선물로서 평화의 말씀을 남겼습니다: "평안을 너희에게 끼치노니 곧 나의 평안을 너희에게 주노라." 두 번째는 다시 비슷하게 제자들에게 평화의 인사를 합니다. 예수님이 부활 이후에 여러 차례 "평강이 있을지어다"라며 평화의 축복을 할 때입니다. 누가복음 24장(36절)과 요한복음 20장(19절).

두 개의 평화가 분명하게 있습니다. 그리스도가 가르쳐주신 하나님의 평화와 세상의 평화입니다. 하나님이 말씀하신 대로 "내가 너희에게 주는 평안은 세상이 주는 것과 같지 않다"(요 14:27). 세상의 평안에 대해서도 말씀하십니다: "나는 세상에 화평을 주러 온 것이 아니라 검을 주러 왔노라. 내가 온 것은 사람이 딸이 어머니와, 며느리가 시어머니와 불화하게 하려 함이니"(마 10:34-35). 평화의 왕 그리스도가 이 세상의 가장 권력 있는 자들을 어둡게 만드는 사탄적인 교만을 가진 세상 사람들 간의 음모와 계획을 좌절시키기 위해 분명히 오셨습니다. 교만으로 가득한 모든 사람을 지배하는 사탄이 모든 죄인을 덫으로 사로잡기 때문에, 그래서 그리스도의 겸손함을 배워야 할 죄인들, 그리스도의 회개를 필요로 하는 사악한 욕망과 하나 된 육신의 인간들, 그리스도의 가난을 깨달아야 할 탐욕으로 세상과 결혼한 비참한 사람들을 각각 구별하는 것이 필요합니다. 누구나 세 가지 악과 어울리려고 하며, 그리스도의 평화를 좌절시키려고 노력합니다. 왜냐 하며 하나님과 사람 사이의 근본적인 평화가 좌절되었기 때문입니다. 그것은 죄의 속성입니다.

그러나 하나님의 평화는 덕행들에 뿌리내린 마음들의 고요함입니다. 그러므로 죄 속에서 살아가는 모든 사람은 거룩한 교회의 평화를 자신의 행동에 의해 잃어버린 것이 분명합니다. 욥기 9장(4절)은 "그를 거슬러 스스로 완악하게 행하고도 형통할 자가 누구이랴"라고 기록하고 있습니다.

이 평화는 세 가지 다른 측면이 있습니다: 하나님과의 평화, 자기 자신과의 평화 그리고 이웃과의 평화입니다. 이러한 모든 평화는 하나님의 명령을 지키는 것에서 기초하고 있습니다. 첫 번째 의미의 평화, 즉 하나님과의 평화입니다. 이 평화 없이 다른 모든 평화는 생각할 수 없습니다. 그러나 하나님과의 평화를 가지고 있는 사람은 다른 두 평화에 도달하게 됩니다. 죄처럼 하나님과의 평화를 좌절시키는 것은 없기 때문입니다. 이사야 59장(2절) 말씀에 따르면 오직 죄만이 하나님과 인간을 이별시키기 때문입니다: "너희 죄악이 너희와 너희 하나님 사이를 갈라놓았고." 그러므로 가장 큰 조심성으로 거룩한 평화를 방해하는 죄를 피하지 않으면 안 됩니다. 그렇지 않으면 우리는 끝없는 커다란 질투심으로 어떤 육신의 징벌보다 무서운 죄를 갖게 됩니다. 그와 반대로 끝없는 커다란 사랑으로 부유함과 존경과 기쁨보다 덕행을 갖게 됩니다. 이러한 법칙은 인간들 간의 평화를 높게 보장할 수 있게 할 것입니다. 이러한 법칙을 지킴으로써 인간은 하나님의 친구가 되는 권리를 받게 되지 않겠습니까? 그리고 성경은 말씀합니다: "하나님이 우리와 함께하시면 누가 우리를 대적하리요"(롬 8:31). 왜냐하면 이 평화 안에서 하나님을 두려워하는 사람에게 "모든 것이 합력하여 선을 이루기"(롬 8:28) 때문입니다.

비록 원수들이 이러한 소중한 평화의 삶을 살아가며, 평화롭게 자신의 부유함과 존엄성과 삶을 죽을 때까지 즐기는 사람을 박해하여도, 그에게 전혀 의도하지 않게 도움이 됩니다. 사람에게 커다란 존경을 가져다주는 이러한 유익을 더 많이 갖게 됩니다. 그래서 시편 138편은 고난받는 그리스도의 친구에 대해(17절) 이렇게 말하고 있습니다: "뛰어나게, 당신의 친구들이 존경받게 하소서, 하나님!"(17절) (역자주: 당시 후스가 사용하였던 성경은 불가타Vulgata 라틴어 번역성경이었다.) 도덕적인 삶으로 받게 된 오직 이러한 존경, 그리고 모든 투쟁하는 교회를 움직이고 있을 앞에서 언급된 믿음의 법칙을 유감스럽게도 알고 있는 사람들은 그리 많지 않습니다. 반대로 이 세상의 하나님은 재물의 먼지, 육신의 쾌락과 세상의 교만으로 그리스도인들의 눈을 아주 어둡게 하였습니다. 그래서 크리스천들은 모든 것보다 소중한 평화에 대해서 생각하지 않습니다.

만약 두 번째 의미의 평화 즉 자기 자신과의 평화에 대해서 말하면, 인간의 두 개의 본성을 고려할 때, 분명한 것은 이와 같은 평화의 본질은, 육신은 영혼의 아래에 있기 때문에, 육신은 영혼을 섬기는 것이어야 합니다. 그러나 육신은 타락 이후에 지속적으로 뻔뻔스럽게도 욕망을 추구하기 때문에, 그래서 영혼을 혼란으로 빠트리는 분노와 부유함, 교만과 열정과 무관심의 저항을 극복하도록 육신은 길들여져야 합니다. 지혜롭게 이러한 모든 것에 육신이 평온을 회복하게 된다면, 영혼과 함께 육신의 평화가 이루어질 것이며, 하나님과 이웃에게 상처를 주고 그리고 죄인에 대해, 사탄 즉 그 사람에게 가장 나쁜 원수가 승리하는 악의적인 말과 사악한 행동의 끝이 있을 것입니다.

세 번째 의미의 평화 즉 이웃과의 평화에 대하여 말하자면, 그것은 분명히 형제의 사랑으로 나타나며 그리고 믿음과 소망을 떠올리게 됩니다. 믿음이 있다면, 우리는 분명하게 믿어야 합니다. 거룩한 사람들의 공동체 안에 있는 각각 선택받은 선한 크리스천들은 모든 사람에게 유익을 줄 수 있고, 마찬가지로 모든 죄인이 직접적으로 자신들과 가까운 크리스천들과 그리고 직접적으로 관계가 없는 다른 크리스천들에게도 피해를 주게 된다는 사실입니다. 모든 계층 즉 중간계층과 마찬가지로 가장 낮고 가장 높은 계층의 사람들이 믿음에 대한 이러한 글을 무시하고 있습니다. 성직자들이 그리스도의 복음에 따라 살고 백성들을 주님을 따르는 길로 인도하면 평화적인 관계를 만들 수 있으며, 그래서 사람들은 하나님과 자신들의 이웃들과 함께 평화롭게 살 것이 분명하지 않겠습니까? 그러나 성직자들이 이러한 과제를 저버리면, 마찬가지로 세상 사람들도 그것을 무시하게 됩니다. 바로 여기서 분쟁과 왕가들 사이의 전쟁과 내분과 살해가 시작됩니다. 이웃과의 평화가 있을 것을 원하면, 제일 먼저 하나님과의 평화와 자신과의 평화가 있어야만 합니다.

이 세 가지 평화는 하나님의 능력과 지혜와 선함에서 비롯되기 때문에, 평화의 하나님을 간구하십시다. 이 집에 첫 번째 평화가 있도록, 즉 모든 것보다 하나님을 사랑하도록 간구하십시다. 그리고 두 번째 평화가 이 집에 임하여, 거룩하게 다스리도록 간구하십시다. 세 번째 평화가 이 집에 임하여, 모든 이웃을 구원에 이르게 하도록 간구하십시다. 이 집에 평화가 있어 두려움 없이 하나님을 바라보고, 자신을 고요하게 하여 사랑으로 모든 사람을 섬기도록 간구하십시다. 이 집에 평화가 있어, 오만한 자를 낮추고 겸손한 자를 높이며, 불일치를 중재하고 원수와 화해하도록 간구하십시다. 이 집에 평화가 있어 자신의 유익을 추구하지 않고, 자기를 드러내지 않으며, 방탕한 심성을 다스리며, 뇌물 없이 심판의 저울에 무게를 달고, 뇌물로 불의를 움직이게 하지 않았고, 게하시를 비난하도록(왕하 5:26nn), 시몬을 저주하도록(행 8:20), 모든 사람에게 도움을 주기를 갈망하도록, 성령의 자비하심 안에서 거주하도록 간구합시다. 이 집에 평화가 있어 아버지의 능력의 선물인 첫 번째 평화가 그 집을 공고하도록 간구합시다. 이 집에 평화가 있어 아들의 지혜의 선물인 두 번째 평화가 그 집을 교육하도록 간구합시다. 이 집에 평화가 있어 성령의 자비의 선물인 세 번째 평화가 그 집을 끝까지 평화를 만드는 믿음과 소망과 사랑 안에 있도록 간구하십시다. 높은 가치에 뿌리내린 고요한 마음인 하나님의 세 가지 평화에 대해 말하길 이렇게 원하였습니다.[31]

10

후스의
살아 있는 유산의
어제와 오늘

15세기에 마스터 얀 후스에 대한 견해와 평가는 신앙고백 그룹에 따라 달랐다. 후스의 이름은 중세시대에는 바른 믿음으로부터 떨어진 상태를 의미하였고, 중세 기독교 사회가 그의 추종자들을 제거한 이단의 동의어가 되었다. 1430년대에 교회기관의 지도자들이 '후스파'(Hussitae) 명칭을 사용하였을 때, 후스파 프라하 시민들, 타보르 시민들과 "고아들"(역자주: 얀 지슈카 장군을 잃은 후 10여 년 동안 그의 군대를 일컫는 말)의 지도자들이 이것을 모욕적으로 생각했다. 왜냐하면 자신들을 이단으로 표시하는 것을 거부하였기 때문이다. 후대에 주어진 명칭에서 점차적으로 본래의 경멸적인 의미인 '후스파주의'(Husitstvi) 명칭이 사라졌고, 그리고 실제로 이 명칭은 역사적 인식에서 마스터 얀 후스 개인이 그의 추종자들인 후스파들(husite)의 운동과 가장 뛰어나게 연결되었으며, 그들의 종교개혁 프로그램은 프라하 4개 조항(Čtyři pražské artikuly)에 나타나 있다. 얀 후스에 대한 존경이 이후에 이종성찬 교회에서 너무 지나쳐서 순교자와 성자로 숭배되었다. 그에 대한 기념은 중요한 역사적 인물의 범주를 넘어섰으며, 시대적·종교적 인식의 한 부분이 되었다.

  가장 우선적으로 후스의 활동보다 한 세대 앞선 영국 종교개혁자 존 위클리프의 사상에 대한 그의 가르침이 후스를 유럽 종교개혁과 연결시킨다. '유럽 종교개혁의 아버지' 독일 종교개혁자 마르틴 루터에게 얀 후스라는 인물은 체코 땅에서 일어난 종교개혁적 노력에 대한 이해의 열쇠가 되었다. 1519년 7월 5일 논쟁에서 신학자 요한 마이어 에크(Johannes Mayer Eck)와 함께 라이프치히(Leipzig)에서 상징적으로 후스 화형 기념일 전날에 루터(Luther)가 확실하게 후스의 신학적 유산에 대해 선언을 하였다. 다음 몇 해 동안 형제단(Jednota bratrská)과 체코 이종성찬주의자들과의 접촉을 지속하였으며 성만찬에서 평신도가 잔을 받는 법으로 그들과 동감하였다. 체코어 크랄리체 성경(Bible kralická, 1579-1593) 출판이 절정이었던 형제단의 신학도들의 번역 작업은 뛰어난 사역이 되었으며, 얀 밀리치(Jan Milíč), 야노브의 마테이(Matěj z Janova)가 후스의 성경주의의 뒤를 이었으며, 체코 종교개혁을 유럽과 세계 종교개혁의 방향성의 중요한 위치에 올려놓았다.

1575년에 활동적인 후스파(이종성찬파) 전통, 체코 개혁교도들의 교리적인 사상 그리고 형제단의 태도의 타협을 보여주는 체코 신앙고백(Česká konfese)이 등장하였다. 1530년 독일 제국에서 프로테스탄티즘 승인의 필요조건을 제정한 아우크스부르크 신앙고백(Confessio Augustana)은 체코 신앙고백의 모본이 되었다. 특징적인 것은 체코 신앙고백이 서론에서 마스터 얀 후스의 유산을 선언하고 있는 점이다.

계몽주의의 시작은 역사에 대한 종교적 해석의 포기이며, 자유와 진보의 주제와 함께 새로운 시대의 경험이 비추어지는 후스에 대한 새로운 관점을 의미하였다. 후스의 삶, 가르침과 죽음에 대한 역사적 연구가 역사가 프란티섹 팔라츠키(František Palacký, 1798-1876)에 의해 궁극적인 과업이 되었다. 제일 먼저 팔라츠키는 체코 문학과 언어에 대한 후스의 기여를 높게 평가하였다. 먼저 후스에 대해 아주 조심스럽게 코멘트를 한 것은 당시 체코가 독일어를 사용하던 합스부르크 통치하에 있었기에 독일어로 체코 역사를 기록할 때 검열의 탄압 속에서 썼기 때문이다. 그러나 체코어로 출판할 때에는 그러한 통제를 받지 않았다.

마스터 얀 후스의 인물됨과 그의 삶에 대한 팔라츠키의 역사 연구와 출판은 후스에 관한 모든 사건이 폭넓게 대중화되는 가능성을 제공하였다. 후스와 체코 종교개혁을 공개적으로 지지하였던 토마시 마사릭(Tomáš G. Masaryk, 역자주: 1918년 체코슬로바키아 독립 첫 대통령, 1850-1937)은 철학적으로 이 주제를 붙잡았으며, 독립국가 설립을 목표로 하던 자신의 정치적 프로그램을 정당화하였다. 알로이스 이라섹(Alois Jirasek, 역자주: 소설가, 1851-1930)은 후스를 예술적·문학적으로 드라마틱하게 표현하였다. 그의 문학적인 묘사는 뛰어난 방식으로 수십 년 동안 체코 사회의 후스와 후스주의에 대한 관점을 지배하였다. 체코슬로바키아 제1공화국(1918-1938)은 특별히 민족운동의 의미에서 얀 후스와 후스파들의 긍정적인 인식을 연결시켰다. 1948년 이후 후스주의에 대해 사회 혁명 운동으로 이해되는 맑스주의 개념이 공식적으로 등장하였다. 급진적인 후스주의의 전투적인 요소들이 부각되었지만, 사제와 종교 사상가로서 마스터 얀 후스는 문제가 되었다. 성경과 성찬잔의 상징 대신 불끈 쥔 주먹과 도리깨 무기들의 상징이 강조되었다. 공산주의는 체코 사회의 후스 시대를 자신의 일방적인 해석으로 상당히 신뢰를 떨어뜨렸다. 각기 다른 시기의 해석들은 후스와 후스주의에 대한 일방적인 관점들을 전하였다.

후스주의에 대해 오늘날 몇 가지 가능한 견해들이 있다. 그중의 하나가 후스가 지니고 있는 종교적·신학적 해석이다. 종교적 주제는 1989년까지 요구되지 않았다. 그러한 관점에서 후스주의에 대한 연구와 해석의 종교적인 면을 고려하는 교회사 학자들과 신학자들의 기여는 매우 컸다. 현대 역사가이며 신학자였던 아메데오 몰나르(Amedeo Molnár, 1923-1990)를 특별히 지목할 수 있다. 후스에 대한 그의 책은 이탈리아에서 출판되었으나 체코슬로바키아에서는 출판될 수 없었다. 체코슬로바키아 후스 교회에서 마스터 얀 후스 인물에 대해 밀로슬라브 카냑(Miloslav Kaňak) 교수가 역사적 관점에서 다루었으며 그리고 신학적 관점에서 즈데넥 트르틱(Zdeněk Trtík) 교수가 다루었다.

오늘날 신앙과 종교와 신학은 자유적이며 다원주의적인 사회에서 우리의 삶의 일부가 되고 있다. 그러므로 후스주의에 대한 종교적 입장은 열려 있다. 신앙과 종교는 겉옷이나 의상이 아니라 반대로 체코 종교개혁 운동의 후스 입장과 노력의 핵심 곧 마음이다. 현대 역사가들의 연구는 후스와 후스주의를 14세기와 15세기 그리고 동시에 16세기 세계 즉 독일과 스위스 종교개혁과 관련하여 '1차 종교개혁' 또는 '종교개혁 이전의 종교개혁'이라는 견해를 갖는다. 이러한 견해에서 후스와 후스주의는 유럽과 세계적인 차원을 갖는다. 체코 종교개혁과 이종성찬주의 시대의 전문가 즈데넥 다비드(Zdeněk David)에 의해 후스는 "세계적인 규범의 인간 권리의 보호자"로 부각되었다.

체코에서 후스 종교개혁 문화에 대한 새로운 관점도 중요하다. 15

세기부터 17세기 초까지 체코 역사에서 새로운 관점들이 나타난다. 파벨 스푸나르(Pavel Spunar)는 후스주의의 언어의 문화적 의미를 지적하였다. 예술과 건축을 포함한 이 시기의 문화적 특성을 2010년에 출판된 "체코 종교개혁(1380-1620) 예술"(Umění české reformace 1360-1620) 간행물과 프라하 성에서 열린 연이은 같은 이름의 전시회가 보여주고 있다. 체코슬로바키아 후스 교회는 1920년에 설립되면서 후스 유산을 선언하고 후스 교회(Husův sbor)라고 종교개혁자 이름을 붙인 지 교회들을 세워, 체코형제복음교회(Českobratrská církev evangelická) 처럼 후스의 종교적 유산의 계승자가 되었고, 다른 개신교회들도 종교개혁 유산의 계승을 선언한다. 추기경 베란(Beran)의 주목할 만한 발언이 있었던 2차 바티칸 공의회까지 로마 가톨릭 교회의 후스에 대한 입장은 부정적이었다고 할 수 있다. 새로운 입장은 1999년에 후스의 죽음에 대해 유감을 표명하였고, 그를 교회의 개혁자로 명명하였던 요한 바오로 2세 교황의 시기에 도래하였다. 이 대화와 후스에 대한 학자들의 연구와 새로운 입장에 대해 1993년 바이로이트(Bayreuth) 심포지엄과 카렐 대학교 후스 신학부 교회사 교수 얀 라쉑(Jan B. Lášek)과 조직 신학 교수 즈데닉 쿠체라(Zdeněk Kučera)가 상당히 기여하였다. 2005년에 프라하 성에서 역사가들이 참여하는 마스터 얀 후스 기념 590주년 전시회가 열렸다.

오늘날 사회는 후스주의에 대해 부정적이거나 중립적이다. 그러나 후스의 이름과 그의 이야기는 체코와 유럽 사회에서 몇몇 반향이 있다. 마스터 얀 후스의 이야기가 지니고 있는 현재의 시사성은 매우 강력하고 영향력이 있다. 이 인물에 대해 다양하게 해석을 한 그림들과 시대의 파토스 아래에 내적 성숙함, 발전, 어려운 결정과 싸움을 경험한 사람의 살아 있는 실제 이야기들이 감추어져 있다.

가장 단출하고 가장 가난한 환경의 남자가 자신의 시대의 지적인 엘리트로 분류되었다. 그는 기독교 진리에 대해 특별한 존경과 영향을 지닌 프라하 대학의 총장과 유명한 설교자가 되었다. 그러다 사회적 성취와 기대하지 않은 갑작스러운 몰락을 경험하였다. 교회적으로 개인으로서 끝이 났고 그리고 사회적으로 왜곡되었다. 체코 종교개혁자의 인간적인 면모를 보여주려는 오늘날 몇몇 역사학자의 노력을 볼 수 있다. 후스는 지나치게 비판적이며 현실적이지 못하고, 논쟁적이며 야망에 찼다는 이야기가 있다고 한다. 그런 이야기는 2010년에 출판된 이르지 케이르시(Jiří Kejř)의 책 『잘 알려진 후스, 잘 알려지지 않은 후스』(Hus známý a neznámý)에도 나온다. 그러나 새로운 해석에 대한 이러한 시도들이 과거와 현재의 후스의 의미를 축소시키지 않는다. 논의할 여지없이 후스는 체코 민족의 문화 성장에 기여하였다. 설교자로서 후스는 민족의 폭넓은 계층에게 영향을 주었고, 콘스탄츠 감옥에서 편지들을 체코 민족에게 보냈다. 자신의 연설에서 황제와 체코 통치자 카렐 4세와 프라하 대학교에 대해 자긍심을 표현하였다. 그의 민족주의와 민족의식은 분명하였다. 그럼에도 불구하고 후스에게서 우리는 적대적인 민족주의와 만나지 않으며, 오히려 크리스천 보편주의를 만나게 된다.

후스는 『십계명 주석』(Výklad Desatera) 44장에서 다음과 같이 말하였

다: "만약 다른 나라에서 온 외국인이 덕행을 행하고, 그가 하나님을 더 사랑하고, 나의 친형제보다 더 선한 것을 알았다면, 내가 형제보다 이들을 더 사랑하였을 것이다. 그러므로 나는 영국의 좋은 사제들을 체코의 불충한 사제들보다 더 사랑하며, 선한 독일인을 악한 형제보다 더 사랑한다." 후스는 자신의 시대에서 사회 정의를 위해 투쟁하였으며, 명백한 불의와 공격을 지적하였다. 그러나 그는 사회 혁명가가 아니라 성경적 증언에서 비롯된 종교개혁자였다. 세상은 부유한 사람들을 중요하게 생각하지만 하나님은 그렇지 않다는 사실을 보여주었다. 사회와 사회의 더 정의로운 질서에 대한 후스의 생각은 성경과 예수 그리스도의 복음과 하나님 앞에서의 인간의 가치와 존엄성에 대한 깨달음에서 비롯되었다.

후스의 살아 있는 유산은 특별히 종교적·도덕적 차원에 근거하고 있다. 종교개혁자로서 후스는 우리 시대에 어울리지 않는다고 생각할 수 있다. 그럼에도 우리 시대는 새로운 종교적 관심에 의해 특성을 나타낸다. 이러한 의미에서 종교적 인물로서 후스는 모든 기독교 문화의 상황에서 다시 우리에게 말할 수 있고 관심을 끌 수 있다. 후스가 옹호하는 가치는 종교적·성서적 특성을 갖는다. 진리는 중심되는 개념이다(비교: 시 25:5; 요 14:6; 요 17:7; 고후 13:8; 엡 4:21; 벧전 1:22). 토마시 할릭 교수가 말하였던 대로 후스는 자신의 강한 윤리적 경향에 의해 특별한 체코 영성에 속하는 인물이다. 후스가 당시 교회와 사회와 개인에게 너무 높은 도덕적 요구를 하였던 것처럼 생각할 수 있다. 하지만 우리는 다른 시대, 다른 상황에 살고 있으나, 윤리적 가치에 대한 체념이 개인과 사회에게 좋은 길은 아니다. 후스는 우리에게 한편으로는 멀리 있으면서도, 다른 한편으로는 가까이 있다. 종교적으로 철저한 열정과 자기를 부인하는 것을 동반하는 겸손으로 두각을 나타내던 중

순교자 성 라우렌티우스와 성 스데반 사이에 있는 얀 후스

세시대의 남자인 그는 우리에게서 매우 멀리 떨어져 있다. 진리의 가치를 언급하는 질문들, 인간 양심에 대한 질문들, 그리고 다른 사람들과의 효과적인 연대에 대한 질문들을 우리에게 던짐으로써 후스는 우리에게 가까이 있다.

Husitské manifesty. Soubor textů shromáždil, české upravil. Latinské a německé přelolžil, předmluvou, poznámkami a vysvětlivkami opatřil Amedeo Molnár. Praha 1980

"후스파 성명서". 아마데오 몰라르 가 본문 수집, 체코어 교정, 라틴어와 독일어에서 번역, 서론과 각주를 달다. Praha 1980

Konec o svatém muži a ctihodném muži mistru Janu Husovi, horlivém milovníku pravdy Ježíše Krista, a jeho utrpení, jež pokorně vytrpěl. In: Ze zpráv a kronik doby husitské. Praha 1981.

예수 그리스도의 진리를 열렬히 사랑하는 자이며, 성자이며, 존귀한 미스트르 얀 후스와 겸손하게 감내한 그의 고난의 종말
In: 후스파 시대의 보고서 및 연대기에서.

Listy Husovy. Upravil a přehlédl Bohumil Mareš, Praha 1901.

"후스의 편지". 보후밀 마레시 교정, Praha 1901

M. Jan Hus. Betlémské poselství. Svazek první. Praha 1947.

마스터 얀 후스. 베들레헴 메세지. 1권. Praha 1947.

M. Jan Hus jako univerzitní rektor a profesor. Výbor Husových projevů sestavil a přeložil dr. Evžen Stein. Praha 1948.

"대학교 총장이며 교수인 마스터 얀 후스". 후스의 연설 선집, 에브젠 스테인 박사 번역. Praha 1948.

Magistri Iohannis Hus. Opera omnia I. Výklad. Academia Praha 1975.

"마스터 얀후스. 전집 1. 강해집". 아카데미아 프라하 1975.

Mistr Jan Hus. Opera omnia IV. Drobně spisy české. Academia Praha 1985.

"마스터 얀후스. 전집 4". 체코 소책자. 아카데미아 프라하 1985.

Mistr Jan Hus. Husova výzbroj do Kostnice. K vydání připravili F. M. Dobiáš a Amedeo Molnár, Československá akademie věd, Praha 1965.

"마스터 얀 후스. 콘스탄츠를 겨냥한 후스의 무기". 도비아시와 아마데오 몰나르 출판 준비. 체코슬로바키아 과학원, Praha 1965.

Mistr Jan Hus O církvi. Přeložili a poznámkami opatřili Fantišek. M. Dobiáš a Amedeo Molnár, Československá akademie věd, Praha 1965.

"마스터 얀 후스. 교회에 대하여". 도비아시와 아마데오 몰나르 번역 각주, 체코슬로바키아 과학원, Praha 1965.

Mistr Jan Hus. Postila. Vyloženie svatých čtení nedělních. Praha 1952.

"마스터 얀 후스. 거룩한 주일의 성경읽기 해석". Praha 1952.

Sto listů M. Jana Husi. Vybral, latinské přeložil a poznámkami doprovodil Bohumil Ryba, Praha 1949.

"마스터 얀 후스의 100편의 편지". Bohumil Ryba 편지선택, 라틴어에서 편지 번역, 주석을 달다. Praha 1949

Život, to jest šlechetené obcování svatého kněze Mistra Jana Husi, kazatele českého od kněze Jiříka Heremity. In: Mistr Jan Hus. Listy a projevy. Životopis od Jiříka Heremity. K tisku upravil F.M.Bartoš. Praha 1947.

"마스터 얀 후스. 편지와 연설". 이르지 헤레미타가 쓴 자서전에서 "생애, 즉 보헤미안 선교자, 성스러운 사제 마스터 얀 후스의 고귀한 행동". 바르토시. Praha 1947.

| 참고도서 |

ČORNEJ Petr: Velké dějiny zemí Koruny české V. (1402-1437). Praha – Litomyšl 2000.
보헤미아 왕국 대역사 V. (1402-1437). 프라하-리토미슬 2000.

ČORNEJ Petr: Druhý život husitství. Universum. Revue křesťanské akademie. 2013, č.1. s.17-40.
후스파의 두번째 삶. Universum. 크리스천 아카데미 리뷰. 2013, 1호, 17-40

DAVID V. Zdeněk: Nalezení střední cesty. Liberální výzva utrakvistů Římu a Lutherovi. Praha 2012.
중도의 길 발견. 로마와 루터에 대한 성배주의자들의 진보적 도전. 프라하 2012.

DOBIÁŠ a F. M. MOLNÁR A.: Husova výzbroj do Kostnice. Praha 1965.
콘스탄츠를 향한 후스의 무기. 프라하 1965.

Jan Hus mezi epochami, národy a konfesemi. Sborník. K vydání připravil J. B. LÁŠEK, Praha 1995.
시대, 민족 그리고 신앙고백 사이의 얀 후스. 선집. J.B. 라쉑 엮음, 프라하 1995

Hus stále živý. Sborník studií k 550. výročí Husova upálení. Uspořádal M. KAŇÁK, Praha 1965.
영원히 살아있는 후스. 후스 화형 550주년 연구 선집. M. 카냐크 편집, 프라하 1965.

Husitské manifesty. Uspořádal a přeložil A. MOLNÁR, Praha 1980.
후스파 선언서들. A. 몰나르 번역 편집, 프라하 1980.

Husitský Tábor, Suplementum 1, Tábor 2001.
후스파의 타보르, 증보판 1, 타보르 2001.

KALIVODA Robert: Husitské myšlení. Praha 1997.
후스파 사상. 프라하 1997.

KEJŘ Jiří: Hus známý i neznámý. Karolinum Praha 2010.
알려진 그리고 알려지지 않은 후스. 카롤리눔 프라하 2010.

LÁŠEK, Jan Blahoslav: Kristův svědek Mistr Jan Hus. Praha 1991.
그리스도의 증언자 마스터 얀 후스. 프라하 1991.

MACEK, Josef: Víra a zbožnost jagellonského věku. Praha 2001.
야기에우워 왕조 시대의 믿음과 신앙생활. 프라하 2001.

MASARYK, Tomáš G: Jan Hus. Naše obrození a naše reformace, Praha 1903.
얀 후스. 우리의 부흥과 우리의 개혁, 프라하 1903.

Mistr Jan Hus 1415-2005. Vydáno u příležitosti výstavy na Pražském hradě ve
dnech 29. června - 25. září 2005. Praha 2005.
마스터 얀 후스 1415-2005. 프라하 전시회(2005. 6. 29-9. 25, 프라하
성). 프라하 2005.

MOLNÁR Amedeo: Na rozhraní věků. Cesty reformace. Vyšehrad Praha 1985.
시대구분에 대해. 개혁의 길. 비쉐흐라드 프라하 1985.

Mistr Jan Hus v proměnách času a jeho poselství víry dnešku. Uspořádali Zdeněk
KUČERA, Tomáš BUTTA, Církev československá husitská. Praha 2012.
시간의 변화 속에서의 마스터 얀 후스와 오늘날의 믿음을 위한 그의 메시
지. 즈데넥 쿠체라, 토마시 부타 편집. 체코슬로바키아 후스 교회. 프라하
2012.

ŠMAHEL, František: Husitské Čechy. Praha 2008.
후스파 보헤미아. 프라하 2008.

ŠMAHEL, František: Jan Hus. Život a dílo. Praha 2013.
얀 후스. 삶과 업적. 프라하 2013.

WERNISCH Martin: Husitství. Raně reformační příběh. Brno 2003.
후스파주의. 초기 종교개혁 이야기. 브르노 2003.

1. Život, to jest šlechetné obcování svatého kněze Mistra Jana Husi, kazatele českého, od kněze Jiříka Heremity. In: Mistr Jan Hus. Listy a projevy. Životopis od Jiříka Heremity. K tisku upravil F. M. Bartoš. Praha 1947, cit s. 38(생애, 즉 보헤미안 선교자, 성스러운 사제 마스터 얀 후스 의 고귀한 행동, 이르직 헤레미타로부터. "마스터 얀 후스. 글과 연설. 이지 헤레미따가 쓴 자서전". F.M. 바르토슈. 프라하 1947, p.38에서 인용).

2. Výklad delší na desatero přikázanie. In: Magistri Iohannis Hus. Pera omnia I. Výklady. Academia Praha 1975, cit. s.320(십계명에 대한 장문의 주석. "마스터 얀 후스. Opera omnia I. 주석"에서. 아카데미아 프라하 1975, p.320 인용).

3. O svatokupectví Mistr Jan Hus. In: Opera omnia. Drobné spisy české. Academia Praha 1985, cit. s.228(성직 매매에 대해서. 마스터 얀 후스. "전집(全集). 체코 소책자"에서. 아카데미아 프라하 1985, p.228 인용).

4. Molnár Amedeo: Hledej pravdu! Jan Hus. In: Na rozhraní věků. Cesty reformace. Vyšehrad Praha 1985, cit. s.12; Srov. Wernisch Martin: Husitství. Raně reformační příběh. Brno 2003, s.24(몰나르 아메데오: "진리를 구하라! 얀 후스". "시대 구분에 대해: 체코 종교개혁"에서. 비쉐흐라드 프라하 1985. p.12 인용; 비교. 베르니쉬 마르틴: 후스주의. 초기 종교개혁 이야기, 브르노 2003, p.24).

5. Mistru Martinovi, žáku svému. In: Listy Husovy. Upravil a přehlédl Bohumil Mareš, Praha 1901, cit. s.156-157(나의 제자 마스터 마르틴에게. "후스의 편지(Listy Husovy)"에서. 보후밀 마레시 교정, 프라하 1901, p.151-157).

6. Mistru Martinovi, žáku svému. In: Listy Husovy. Upravil a přehlédl Bohumil Mareš, Praha 1901, cit. s.226(나의 제자 마스터 마르틴에게. "후스의 편지"에서. 보후밀 마레시 교정, Praha 1901, p.226).

7. M. Jan Hus jako univerzitní rektor a profesor. Výbor z jeho projevů sestavil dr. Evžen Stein. Praha 1948, cit. s. 18-21(마스터 얀 후스, 대학교 총장과 교수, 그

의 연설 선집. 에브젠 스테인 박사 엮음. 프라하 1948, p.18-21 인용).

8. Srov. Šmahel František: Jan Hus. Život a dílo. Prhah 2013, s.121(비교 슈마헬 프란티섹: 얀 후스, 삶과 업적, 프라하 2013, p.121).

9. Sto listů M. Jana Husi. Vybral, latinské přeložil a poznámkami doprovodil Bohumil Ryba, Praha 1949, cit. s.82(마스터 얀 후스의 100편의 서신. 보후밀 리바, 라틴어에서 번역, 주석, 편역. 프라하 1949, p.82 인용).

10. Sto listů M. Jana Husi. Vybral, latinské přeložil a poznámkami doprovodil Bohumil Ryba, Praha 1949, cit. s.83(마스터 얀 후스의 100편의 서신. 보후밀 리바 라틴어 번역, 주석, 편역. 프라하 1949, p.83 인용).

11. Listy Husovy. Upravil a přehlédl Bohumil Mareš, Praha 1901, cit. s.105-108 ("후스의 편지"에서. 보후밀 마레시 교정, 프라하 1901, p.105-108 인용).

12. Mistr Jan Hus. Postila, Vyložęnie svatých čtení nedělních. Praha 1952, cit. s.133 (마스터 얀 후스. 설교집. 거룩한 주일의 성경읽기 해석. 프라하 1952, p.133 인용).

13. Českým přátelům. In: Listy Husovy. Upravil a přehlédl Bohumil Mareš, Praha 1901, cit. s. 158-159(체코 친구들에게. "후스의 편지"에서. 보후밀 마레시 교정, 프라하 1901, p.158-159 인용).

14. Pražanům. In: Listy Husovy. Upravil a přehlédl Bohumil Mareš, Praha 1901, cit.s.171(시민들에게. "후스의 편지"에서. 보후밀 마레시 교정. 프라하 1901, p.171 인용).

15. Přátelům svým v Kostnici. In: Listy Husovy. Upravil a přehlédl Bohumil Mareš, Praha 1901, cit.s.249(콘스탄츠에서 친구들에게. "후스의 편지"에서. 보후밀 마레시 교정, 프라하 1901, p.249 인용).

16. Přátelům svým v Kostnici. In: Listy Husovy. Upravil a přehlédl Bohumil Mareš, Praha 1901, cit. s.216-27(콘스탄츠에서 친구들에게. "후스의 편지"에서. 보후밀 마레시 교정, 프라하 1901, p.216-217 인용).

17. Dopis "Otci". In: Listy Husovy. Upravil a přehlédl Bohumil Mareš, Praha 1901, cit. s. 232("신부"에게 보내는 편지, "후스 서신들"에서. 보후밀 마레시 교정, 프라하 1901. p.232 인용).

18. Konec o svatém muži a ctihodném muži mistru Janu Husovi, horlivém

milovníku pravdy Ježíše Krista, a jeho utrpení, jež pokorně vytrpěl. In" Ze zpráv a kronik doby husitské. Praha 1981, cit. s.158("성인, 존경할 만한 사람 마스터 얀 후스, 예수 그리스도의 진리에 대한 열정적인 사랑과 평화롭게 고통받았던 그의 죽음의 마지막". "후스파 시대의 기록과 연대기"에서. 프라하 1981, p.158).

19. Stížný list českých a moravských pánů do Kostnice. In: Husitské manifesty. Soubor textů shromáždil, české uprvil, latinské a německé přeložil, předmluvou, poznámkami a vyslvětlivkami opatřil Amedeo Molnár. Praha 1980, cit. s.49-50(콘스탄츠로 보낸 체코와 모라비아 영주들의 항의서, "후스파 성명서"에서. 아마데오 몰나르 본문 수집, 체코어 교정, 라틴어와 독일어에서 번역, 서론과 각주를 달다. 프라하 1980, p.49-50 인용).

20. Osvědčení pražské univerzity o Husovi a Jeronýmovi. Soubor textů shromáždil, české upravil, latinské a německé přeložil, předmluvou, poznámkami a vysvětlivkami opatřil Amedeo Molnár, Praha 1980, cit, s.53-55(후스와 예로님에 대한 프라하 대학의 공문서. 아메데오 몰나르, 본문 수집, 체코어 교정, 라틴어와 독일어 번역, 서론과 각주. 프라하 1980, p. 53-55 인용).

21. M. Jan Hus jako univerzitní rektor a profesor. Výbor Husových projevů sestavil a přeložil dr. Evžen Stein. Praha 1948, cit. s.28-32(대학교 총장이며 교수인 마스터 얀 후스. 후스의 연설 선집. 에브젠 스테인 박사 번역, 프라하 1948, p.28-32 인용).

22. M. Jan Hus. Betlémské poselství. Svazek první. Praha 1947. cit. s.263-369(마스터 얀 후스. 베들레헴 메시지 1권. 프라하 1947, p.263-269 인용).

23. Jádro učení křeťanského. In: Vybrané spisy Mistra Jana Husi. Pořádá František Žilka. Jilemnice bez vročení, s.326-330(크리스천 교육의 핵심. "마스터 얀 후스의 선집"에서. 프란티섹 쥘카 엮음. Jilemnice 연도 없음, pp.326-330).

24. Mistr Jan Hus. Opera omnia IV. Drobně spisy české. Academia Praha 1985, s.349-351(마스터 얀후스. 전집 4. 체코 소책자. 아카데미 프라하 1985, p.349-351).

25. Mistr Jan Hus, O církvi, Přeložili a poznámkami opatřili František M. Dobiáš a Amedeo Molnár, Československá akademie věd, Praha 1965, s.57(마스터 얀 후

스, "교회에 대하여", 프란티섹 도비야시와 아메데오 몰나르 번역과 각주, 체스코슬로벤스카 과학원, 프라하 1965, p.57).

26. Mistr Jan Hus, O církvi. Přeložili a poznámkami opatřili František M. Dobiáš a Amedeo Molnár, Československá akademie věd, Praha 1965, cit. s.32-33; s.95-96(마스터 얀 후스, "교회에 대하여". 프란티섹 M. 도비아시와 아메데오 몰나르 번역과 각주, 체코슬로바키아 과학원, Praha 1965, pp.32-33; pp.95-96 인용).

27 Sto listů Mistra Jana Husa. Vybral, latinské přeložil a poznámkami doprovodil Bohumil Ryba, Praha 1949, cit. s.194-197(마스터 얀 후스 100편의 서신. 보후밀 리바의 선택, 라틴어에서 번역 그리고 각주를 달다. 프라하 1949, pp.194-197 인용).

28. Mistr Jan Hus. Postila. Vyloženie svatých čtení nedělních. Praha 1952, cit. s.166; (마스터 얀 후스. "강해집". "주일 성경말씀 해석". 프라하 1952, p.166 인용).

29. Listy Husovy. Upravil a přehlédl Bohumil Mareš, Praha 1901, cit. s.119-120 (후스의 서신들. 보후밀 마레시 교정, 프라하 1901, pp.119-120 인용).

30. Srov. Jan Amos Komenský. Obecná porada o nápravě věcí lidských. III. Svazek, Svoboda Praha 1992, s.424nn(비교: 얀 아모스 코멘스키. "인간의 문제를 개정하는 일반적 상담. III집", Svoboda Praha 1992, p.424nn).

31. Mistr Jan Hus. Řeč o míru. In: Husova výzbroj do Kostnice. K vydání připravili F. M. Dobiáš a Amedeo Molnár. Kalich Praha 1965, cit. s.58-61(마스터 얀 후스. 평화에 대한 이야기. "콘스탄츠를 겨냥한 후스의 무기"에서. 도비아시와 아마데오 몰나르 출판 준비. 칼리흐 프라하 1965, pp.58-61. 인용).

부록 I

체코 종교개혁 역사

1. 845-1391년: 동서유럽의 교차로 체코와 기독교 전래

1) 초기 체코 기독교

체코는 체코(보헤미아), 모라비아, 실레지아 세 지역으로 크게 나뉘며 지리적으로 유럽 대륙의 중앙에 위치하고 있어 동서유럽의 '교차로' 같은 역할을 하였다. 체코의 수도 프라하(Praha)의 어원이 '문지방', '문턱'이란 뜻을 지니고 있을 만큼 동서유럽 교류의 관문 역할을 하였다. 그래서 체코 기독교 역사 역시 동서유럽의 교류 속에서 뿌리를 내렸다. 고고학자들의 연구에 따르면 남모라비아에서 구(舊)켈트(아일랜드-스코틀랜드)의 기독교 선교의 영향으로 생겨났을 것으로 추정하는 8세기 말경의 교회 건물의 터를 발굴하였다.

845년 바바리아의 제젠(현재의 레겐스부르크Regensburg)에서 14명의 체코 부족장이 세례를 받았다. 그때부터 서유럽의 선교사들이 자신들의 활동을 이 지역까지 넓히게 되었다. 그들은 사람들이 이해할 수 없는 라틴어로 된 예배의식을 사용하였다. 마찬가지로 그러한 문화를 배경으로 게르만 프랑크(Frank) 제국의 정치적 영향을 받게 되었다. 서유럽(프랑크 제국)의 영향을 견제하기 위하여 대모라비아 제국(Velkomoravské říše)의 왕 라스티슬라프(Rastislav)가 동유럽 교회들과 밀착하면서 자신의 제국에 그리스 선교사들을 요청하였다.

863년 보헤미아, 모라비아, 실레지아 세 지역으로 형성된 체코 왕국에서 모라비아 지역으로 마케도니아의 데살로니카(Tesalonika) 출신

슬라브인 선교사 콘스탄틴(Konstantin, 후에 Cyril)과 메토디우스 두 형제가 왔다. 그들은 지역 주민들을 위해 문자(흘라홀리체, 후에는 씨릴 문자 또는 키릴리체라고 하며, 이 문자는 현재 러시아어 알파벳인 아즈부카Azbuka이다)를 만들었고, 성경의 중요한 부분들을 사람들이 잘 이해할 수 있는 구(舊)슬라브어로 번역하였다. 예배에도 구슬라브어 예전을 사용하였다. 그들은 슬라브 문학의 창시자들이 되었다(슬라브 문자는 동슬라브 — 러시아, 우크라이나, 유고, 불가리아, 루마니아 — 문자의 토대가 되었다).

885년 메토디우스가 죽은 후 이웃 나라 바바리아로부터 서쪽의 영향을 다시 받기 시작하였다. 마쟐 족의 침략(903-906)에 의한 대모라비아 제국의 몰락 이후 체코 영토가 로마에 오랫동안 지배를 받게 됨으로써 독일-라틴의 동유럽 문화의 결정적인 영향에 놓이게 되었다(당시 대모라비아 제국에 속해 있었던 슬로바키아 영토는 오랫동안 마쟐 족의 지배를 받게 된다).

10세기 초에 프르제미슬로베츠(Přemyslovec) 가문의 바츨라프(Václav) 왕이 서유럽 형태의 기독교 신앙을 정착시켰다. 997년 동프로이센에서 이방인 복음전파 활동 중에 순교를 당한 프라하 비숍 보이테흐(Vojtěch: 973년에 프라하 주교청을 세움)에 의해 결국 체코에서 폴란드와 발트해 연안까지 서유럽 기독교 형태의 선교가 이루어졌다. 10세기에 터키의 유대인 상인들이 체코에 이주하기 시작하여 비세흐라드 부근에 정착하다가 현재 구시가 지역으로 옮겨와 유대인 지구를 형성하게 되었다.

2) 체코의 왕 카렐 4세가 신성로마황제가 되다

카렐 4세(Karel IV)가 1346년 7월 11일부터 체코를 통치하다가 다음 해 1347년 10월에 체코 왕으로 즉위하고, 1346년 11월에는 로마-독일 왕이 되고 1355년 4월 5일 신성로마제국의 황제가 된다. 중세 기독교의 후기 인물 가운데 소위 경건한 왕으로 불리는 카렐 4세 황제(císař Karel IV)는 아버지로부터 프랑스의 룩셈부르크 가문의 혈통과 어머니로부터 체코 프제미슬로베츠의 혈통을 이어받았다.

카렐 4세가 건설한 프라하는 중요한 상업 도시이자 유명한 문화중심 도시가 되었다. 프라하는 당시 세 번째로 큰 유럽 도시가 되었다. 프라하의 귀중한 건축물이나 유명한 예술품들은 대부분 그 당시에 만들어진 것이다. 당시 체코는 서유럽 기독교 문화의 선진 국가들 가운데 하나였다.

카렐 4세가 죽은 1378년 11월 29일까지 황제로서 통치하던 기간에 체코 종교개혁이 서서히 달아오르기 시작하였다. 1348년 카렐 4세가 중부유럽에서는 처음으로 대학을 세운 현재 카렐 대학은 당시에 종교개혁의 중심이 된다.

카렐 4세의 경건성은 성 프란치스코의 청빈 사상에 여향을 받은 모계 가문 프르제미슬로베츠의 영향이 크다. 프르제미슬로베츠의 가문에서 중세 기독교의 유명한 인물이 등장하게 된다. 체코와 프제미슬 오타카르 1세의 딸 아네슈카인데 그녀는 가난한 자들을 돕는 활동을 위해 1234년 프라하에 수녀들의 수도원을 세운다. 그 수도원은 현재 중세 미술 박물관으로 사용되고 있고, 2011년 하벨 대통령이 서거하였을 때 시민들의 조문을 위해 그곳에 빈소가 마련되었던 곳이다. 1344년에 프라하에 대교구청이 세워지고 파르두비체의 아르노슈트(Arnošt z Pardubice)가 첫 번째 비숍으로 임명되었다.

3) 얀 후스 이전의 체코 종교개혁자들

1344년 이후 세속화되어 가는 로마 교회를 갱신하겠다는 개혁의 노력이 나타나기 시작했다. 콘드라드 발드하우저(Kondrad Waldhauser: 프라하의 독일인 설교가), 슈티트니의 토마시(Tomáš ze Štítného: 남체코 출신의 기독교문서 저자), 크로메르지시의 얀 밀리츠(Jan Milič z Kroměříže: 체코 설교가와 도덕과 사회 향상을 위한 교사)와 야노브의 마테이(Matěj z Janova: 체코의 종말론 신학자), 이들이 체코 종교개혁의 선구자들이다.

베들레헴 채플(Betlémská kaple)은 이들의 개혁 노력의 중심이 되었다. 그 베들레헴 채플은 1391년 프라하에서 체코어 설교를 위해 건립되었고 15세기 초에는 소위 유럽의 '첫 번째 종교개혁'인 후스 종교개혁 운동을 이끌어냈다.

2. 1402-1434년: 얀 후스(Jan Hus)와 후스파의 종교개혁

1) 얀 후스

얀 후스는 1396년부터 카렐 대학의 교수로 활동하였다. 1402년에 베들레헴 채플의 설교자가 되었고 일찍이 교회갱신에 대한 개혁적인 노력에 앞장서게 되었다. 일반 대중의 설교가로서, 체코의 영적인 찬송의 보급자로서 급진적인 개혁을 추진하는 동안 폭넓은 일반대중 계층에서 큰 영향력을 가졌다. 그는 철학자로 프라하 대학 총장까지 지냈던 신학자였다.

얀 후스는 영국 종교 개혁자 존 위클리프(John Wycliffe)의 영향을 받았다. 1412년 그는 흡사 100년 후 마르틴 루터(Martin Luther)처럼 공개적으로 교황의 면죄부 판매, 성직매매와 당시 교회의 부패 확산에 맞섰다. 그 때문에 교황에 의해 교회로부터 추방을 당하고 프라하에서 설교하는 것이 금지되었다.

2년간 지방에서 유배 생활을 하는 동안 야외에서 큰 무리들이 모였을 때 설교를 하였으며 풍성한 집필 활동을 하였다. 그때 그가 쓴 대표적인 저술은 교황권에 대한 신랄한 비판을 담은 『교회에 대하여』이다. 그는 저서와 설교에서 모든 삶의 영역에서 하나님의 말씀에 입각한 올바른 믿음의 필요성을 강조하였다. 후스는 복음의 진리에 대한 믿음 때문에 콘스탄츠(Constanz)에서 재판을 받고 이단으로 1415년 7월 6일 화형을 당하였다.

2) 후스의 추종자들

후스의 추종자이자 변호사인 예로님 프라주스키(M. Jeronym Pražský)는 역시 1416년 콘스탄츠에서 화형을 당한다. 스트르지브로의 야코우벡(M. Jakoubek ze Stříbra)은 후스의 후임으로 베들레헴 채플 설교자와 대학 총장이 된다. 이종성찬 주장자이다. 펠흐르지모프의 미쿨라시(M. Mikuláš z Pelhřimova)는 초대 후스파 감독이며 신앙고백 저자이다. 페트르 헬치츠키(Petr Chelčický)는 영향력 있는 민중 사상가이다. 얀 로키차나(M. Jan Rokycana)는 초대 후스파 대감독이며, 유명한 신학자이자 프라하 틴 성당의 설교가였다.

그들은 하나님의 말씀의 기준에 입각한 교회 정치와 그 기준에 따라 교회에서 평신도의 지위와 책임을 부여하려는 노력으로 높은 업적을 남겼다. 교회뿐 아니라 전체 사회를 하나님 나라의 개념에 두려고 했던 그들의 강한 요구는 큰 의미를 갖는다. 이러한 이유로 신학적 의미로서 후스파의 개혁 운동을 유럽의 첫 번째 종교개혁이라고 주장할 만하다.

예로님 프라주스키의 화형

3) 후스파의 종교개혁 프로그램

후스파의 종교개혁 프로그램은 1420년대의 "4개 프라하 조항"이라는 제목으로 구체화되었다: 첫째, 하나님의 말씀이 사제들에 의해 자유롭게 선포될 것. 둘째, 이종성찬(평신도에게 떡과 함께 포도주를)을 시행할 것. 셋째, 사제들로부터 모든 세속적인 지위를 박탈할 것. 넷째, 지위고하(사제를 포함)를 막론하고 누구든지 죽음을 면치 못할 죄를 지으면 처벌을 받을 것.

두 번째 프라하 조항에 의거, 후스파들은 '칼리슈니치'로 불렸고 후에 '우트라퀴스트'(utrakvisté)로 불렸으며, 이종성찬의 성만찬은 1414년에 '벽속의 마르틴 교회'에서 제일 처음 시행되었다. 성찬잔은 처음부터 신학적으로 교회론적 특성을 갖는 후스파 종교개혁의 상징이 되

벽 속의 마르틴 교회(2015 후스의 해 개회예배)

었다.

후스파의 주장들이 남체코 타보르(Tábor) 요새에서 실천적으로 완성되었다(타보르는 성서에 나오는 타보르 산의 이름에서 빌려온 것이다). 여기서 초대교회의 모습을 따라 모든 사람이 평등하게 공동 소유의 삶을 살았다.

4) 후스파의 무장봉기

후스파의 종교개혁들은 당시 종교적 · 세속적인 권력 양쪽으로부터 극심한 저항에 부딪혔다. 그들 개혁자들은 1420년부터 1431년까지 교황의 군대의 공격에 직면하게 되었다. 그러나 단순한 무기로 무장한 후스파 군대는 얀 지슈카(Jan Žižka) 장군과 사제 프로코프 홀리(Prokop Holy)의 지휘 아래 전 유럽으로부터 조직된 무장한 십자군과 맞서 승리하였다.

타보르의 사제 얀 차펙(Jan Capek)이 지은 "너희는 하나님의 군사"라는 후스파 군가를 부르면, 적들은 놀라 도망을 칠 정도였다. 후스파들은 자신들의 종교개혁을 이웃 지역으로 확산하는 노력을 주저하지 않았다. 이를 위해 노래뿐 아니라 문서와 선언문을 사용하였다. 그들 군대는 독일을 거쳐 발틱 연안까지 소위 '아름다운 여행'(후스파 군대 행진을 의미)으로 불리는 행진을 했다.

그들의 주장은 프랑스와 영국까지 전해졌다. 옥스퍼드 대학 교수인 영국 위클리프파 피터 페이언(Peter Payne)은 후스파를 돕기 위해 대학이 있는 프라하로 왔다(그는 보헤미아에서 엥글리쉬로 알려져 있다). 반면 의사인 후스파 선교사 크라바르제의 파벨(Pavel z Kravař)은 스코틀랜드에서 프라하 이단으로 1433년 화형을 당했다.

5) 바티칸과의 협상 그리고 후스파 분열의 전조

결국 후스파의 압박은 로마교회 진영에서 협상을 요구하게 하였다. 당시 거의 전 유럽에 후스파들이 있었다. 1433년 바젤 공의회에서 많은 협상 후에 '보헤미아 이단들'의 중요한 요구 사항들이 받아들여졌고 이것을 기초로 로마와 '콤팍타아타(협정서)'를 체결하게 된다. 이 협상으로 인해 후스파는 따보르의 급진파와 프라하의 온건파로 나뉘어 결국 1434년 리판(Lipan)에서 형제간의 전투가 벌어지고, 이후 후스파는 내부적으로 종교적 정치적 논쟁으로 치닫게 된다.

승리한 프라하 이종성찬파가 평신도의 성찬잔을 허락하는 문제만을 다루고자 하는 로마교회 진영과 최종적인 협상 체결을 하게 된다. 고전적인 후스파의 신학 경향은 1431년 펠흐르지모바의 미쿨라시 (Mikulaš z Pelhřimova) 감독이 쓴 "타보르의 신앙고백"에 잘 나타나 있다.

3. 1457-1621년: 형제단과 후스파의 분열

1) 형제단

1-1) 형제단의 등장

로마와의 타협에 대해 불만이 있었던 급진적인 후스파 진영에서 15세기 후반(포데브라디의 이르지Jiří z Poděbrad라는 후스파 왕이 통치하던 시대)에 새로운 개혁세력이 일어났다. 이 개혁 세력이 '체코 형제단'(Jednota bratří českých, Unitas fratrum)이다. 이들은 남체코 종교사상가 페트르 헬치츠키(Petr Chelčicky)의 가르침과 프라하 후스파 감독 얀 로키차나(Jan Rokycana)의 설교에 의해 영향을 받은 신실한 신앙인들 그룹이었다. 이들은 악한 세상과 구별되기를 바라며 1457년에 동체코 지역의 쿤발트에 정착해서 복음 안에서 그리고 초대교회의 모형에 따라 올바르게 기독교 교회를 세우려고 하였다.

형제단의 영적인 지도자로는 수도승 르제호르시 프라주스키(Řehoř Pražský), 후스파 사제 잠베르크의 미하엘(Michael ze Žamberk)이다. '침묵의 왕'과 '하나님의 어린양'인 예수 그리스도를 신실하게 믿으며 '좁은 길'을 따르는 삶을 위해 노력하였다.

첫 10년간 형제단은 점점 세속화되어 가는 후스파 교회들과 관련된 마지막 사슬을 끊어버린 체코의 타보르 교회 시대를 살아온 가장 연장자 사제에 의해 안수를 받은 자신의 사제들을 선출하였다. 쿤발트의 마테이(Matěj z Kunvaldu)가 형제단의 첫 번째 사제가 되었다.

형제단의 신학자와 설립자들로 중요한 인물들은 형제단의 신학자와 조직가로 루카시 프라주스키(Lukáš Pražský), 루터교회의 영향을 받은 신학자이며 찬송가 작곡자 얀 아우구스타(Jan Augusta), 유명한 신학자이자 소설가, 음악신학가, 신약 성서 번역가 얀 블라호슬라프(Jan Blahoslav), 시편을 시적으로 번역한 신학자 이르지 스트레이츠(Jiří Strejc) 등이다.

1-2) 형제단의 종교개혁 유산

형제단은 체코 종교개혁의 전면에 등장하였다. 비록 형제단은 미약한 소수 민족이었고 그의 역사는 순교역사였음에도 오늘날까지 16, 17세기 체코의 영적인 삶의 가장 중요한 사건으로서 평가되고 있다. 형제단의 신앙고백, 교리, 교회 조직과 찬송가 외에 주석이 곁들여진 6권으로 된 체코어 성서를 1579-1593년 모라비아의 크랄리체에서 출판한다. 그래서 이 성경을 『크랄리체 성경』(Bible kralická)으로

부른다. 교회 규율을 강조하는 측면에서 형제단은 교회의 칼빈적인 개념과 더 가까웠다. 교회 생활에 대해서 가장 기본적인 형제단의 개념은 라틴어 슬로건에 잘 나타나 있다: In principiis unitas, indubiis libertas, in omnibus caritas(연합의 원칙으로, 의심 없는 자유로, 모든 사랑으로).

크랄리체 성경

1-3) 형제단의 마지막 비숍 코멘스키

얀 아모스 코멘스키

형제단의 가장 유명한 인물은 마지막 감독 얀 아모스 코멘스키(Jan Amos Komenský 또는 Comenius, 1592-1670)이다. 전 유럽에서 그는 신학자이자 교육자, 과학자로 민족 간의 평화를 위한 운동가로 알려져 있다. 그는 자신의 생애 절반을 반종교개혁 시대에 망명자로 외국에서 지내야 했다. 그는 교육과 언어학의 업적으로 '민족의 선생'이 되었다. 미래 에큐메니칼 기독교 사회와 국제평화 협력의 비전에 대한 그의 제안으로 새로운 시대의 길을 여는 개척자가 되었다. '인간의 문제를 개정하는 일반적 상담'(Obecna porada o naprave veci lidskych)이라는 그의 학문적 업적과 관련해서 그의 영적인 유산은 오늘날에도 매우 의미가 있다.『범개혁론』(Panorthosia) 제하의 제6권은 종교, 철학, 과학과 정치에서의 인간관계의 발전에 대한 제안이 그 내용이다. 30년 전쟁 기간에 망명 중이던 코멘스키는 '세계의 미궁'(Labyrint sveta)에서 자신의 민족에게 내적인 '마음의 천국'(raji srdce)에 대해 가르쳤다.

코멘스키는 개인의 회심과 모든 기독교인의 회개로 교회와 세상의 갱신이 시작되는 것을 보았다. 1650년에 출간된『형제단의 죽어가는 어머니의 유산』에 교회와 개혁주의 형제들에 관해 가장 감명 깊게 나타나 있다. 예수 그리스도가 십자가에 죽으시고 부활하신 주님일 뿐 아니라 세상을 통치하실 분이며, 마지막 날에 오실 분임을 확고하게 믿는 믿음이 코멘스키가 자신의 가장 어려운 삶의 문제를 멈추는 데 도움이 되었다.

얀 아모스 코멘스키는 형제단의 신학을 발전시켰다. 그는 자신의 저술 활동으로 당시 전 유럽에 체코 종교개혁의 영적인 그리고 실천적인 동기를 확산하기 위해 노력하였다.

2) 체코 종교개혁과 유럽 종교개혁들의 만남

2-1) 독일 종교개혁과의 만남

후기 후스파는 루터(Martin Luther)와 멜란히톤(Melanchthon)을 알게 된다. 1519년 라이프치히 논쟁에서 마르틴 루터는 후스파들의 편에 섰다. 후스파들은 루터의 활동을 얀 후스의 계승으로 이해하였다. 그들은 루터의 어록 — "후스는 진리 때문에 화형을 당했고 후스파들은 좋은 기독교인들이다" — 을 알고 있다.

후스파 학생들이 독일 개혁대학에서 교육을 받았고, 토마스 뮌처(Tomas Müntzer)가 루터의 지지자들처럼 1521년 프라하에 초청되었다. 그리고 자신의 '프라하 선언'(Manifesto)을 통해 체코 형제들의 호응을 얻으려고 하였다.

바젤 공의회의 "바젤 협약"에 만족하지 않는 후스파들이 점증하였고, 그들은 "모든 삶이 성경의 하나님의 말씀에 복종되는 것이다"라는 원래의 후스파 종교개혁의 원칙을 철회하고, "오직 믿음에 의해

의롭게 된다"는 루터의 가르침에 점점 큰 반응을 하게 된다. 그래서 16세기 중엽에 루터의 가르침은 '구후스 이종성찬파'로부터 신후스파를 분리시켜, 그들은 '신이종성찬파 교회'를 세우게 된다.

후스와 루터의 이종성찬

체코 개혁파들은 복음의 자유의 능력에 대한 루터 증언이 자신들 주장과 매우 비슷하다고 생각하였다. 이러한 루터 사상으로 형제단은 도덕적인 강조와 동시에 세상에 대한 수동적인 관점을 거부하였다. 루터는 형제단에게 복음의 더 큰 기쁨의 길을 보여주었고, 더 온전한 이해와 성서적인 증언의 길을 열어주었다. 반면에 형제단들은 말씀에서 구원의 확신을 찾는 것을 중요하게 생각하였기 때문에, 성서 중심적인 측면에서 그들은 루터파들보다 더 엄격하였다.

형제단들은 특별히 하나님의 말씀에 대한 복종과 믿음의 실천적인 삶과 언행이 일치하는 교회의 설교를 강조하였기 때문에, 기독교의 자유에 대한 루터의 개념을 받아들이지 않았다면 독일 개혁파에 동의할 수 없었을 것이다. 반면에 성만찬의 문제에서 그들은 여러 차례의 서신으로 루터와 신학 논쟁을 하였다. 마침내 루터가 형제단의 기독론과 교회의 설교에 대해 매우 전향적으로 언급을 하자, 양쪽은 각자 자신의 길을 가지만 "주 하나님으로부터 부여 받은 각자의 은사로" 상호 섬기게 될 것이라는 형제단의 동의가 이루어지게 되었다.

루카시 프라주스키(B. Lukáš Pražského)가 라틴어로 쓴 "성서의 자기변호"(Apologie svatych Pisem)는 루터와 멜란히톤에게 깊은 관심을 불러일으켰다. 독일과 다른 나라에서의 루터 종교개혁의 발전은 형제단에게 자신의 나라에서의 공개적인 활동을 부추겼다.

루터파의 1530년 "아우크스부르크 신앙고백"(Augsburská konfese)의 출판 이후 1535년 "형제의 신앙고백"(Bratrská konfese)이 발표되었고 이것을 루터 자신이 직접 라틴어로 번역하여 추천의 글을 첨부하였다.

2-2) 스위스 종교개혁과의 만남

후에 형제단은 스위스 종교개혁 즉 특별히 취리히의 츠빙글리(H. Zwingli), 스트라스부르그의 마틴 부처(M. Bucer) 그리고 제네바의 칼빈(J. Calvin)과 접촉하였다. 형제단은 자신들과 매우 가깝게 생각되는 그들의 교리와 장로교회의 정치를 받아들였다.

칼빈은 1544년 카렐(Karel, Charles) 5세 황제에게 보내는 교황에 항의하는 "경고의 편지"라는 자신의 글에 얀 후스의 유산을 상기시켰다. 칼빈은 콘스탄츠에서의 얀 후스에 대한 설명과 그의 죽음을 로마 교황청의 지속되는 배신의 증거로 규정하였다.

형제단은 스위스 종교개혁을 존중했지만 자신의 정체성을 지켰다. 형제단은 교회의 사제제도를 유지하되 교회의 평신도 지위에 대한 보장을 고민하였다. 침묵하시는 사랑의 그리스도의 음성을 복음을 통해 듣는 문제에 관심을 가졌다. 그들의 신앙심은 조용하고 감격적이었다. 그리고 믿음 안에서 어떠한 폭력도 거부하는 것이었다.

2-3) 유럽 종교개혁의 유산과 개혁찬송

유럽의 양대 종교개혁의 영적인 찬송은 상호 이해를 넓히는 데 크게 기여하였다. 독일 종교개혁 찬송가는 체코어로 번역되었고 반대로 많은 체코 개혁파들의 찬송가 가사와 곡들이 독일어 찬송가에 포함되게 되었다. 형제단은 많은 스위스 종교개혁의 시편들을 자신들의 찬송가로 받아들였다. 현재 체코 개혁교회는 스위스 종교개혁의 시편 찬송과, 많은 독일 종교개혁 찬송들을 개혁교회 찬송가에 포함해 사용하고 있다.

유럽의 양대 종교개혁 교회들과의 생생한 에큐메니칼 관계로 인하여 형제단은 1621년부터 시작되는 혹독한 가톨릭 박해의 시대를 견딜 수 있었고, 뿐만 아니라 이웃 나라 폴란드로 활동을 확대하여 폴란드의 소수파인 개혁파의 지도자들이 되었다.

3) 체코 개혁파의 분열과 갈등 그리고 연합

3-1) 분열과 갈등으로 인한 체코 개혁파의 불안한 미래

체코와 모라비아에서 개혁파들은 대체로 세 가지 부류의 교회로 나뉘어졌다. 첫째, 전통적인 구(舊)이종성찬파와 좀 더 개방적인 신(新)이종성찬파로 나뉜 후스파 교회(이종성찬파 교회). 둘째, 독일인 교인들인 루터파 교회. 셋째, 체코와 독일 공동체들을 갖고 있는 형제

후스와 개혁자들

단(Jednota bratrská)이다.

로마 가톨릭 합스부르크(Habsburk) 통치 동안 — 페르디난트 1세 (Ferdinand I)가 체코 왕위에 올랐던 1526년부터 — 로마 가톨릭교회의 반개혁운동이 강화되었다. 지역 교회를 대표하는 체코 왕국의 개혁파 의원들은 의회 13%에 불과한 소수파여서 합스부르크 황제 측근의 재가톨릭화 노력에 제동을 걸기 위해 정치적 전술로 과거 바티칸과 후스파의 협상의 산물인 '바젤 협정'을 명분으로 내세워 체코 왕국 내의 종교의 자유를 지키려고 노력하였다.

반면에 급진적인 개혁파들은 재가톨릭화 노력에 대항해서 체코 왕국의 법령으로부터 '바젤 협정'을 제거할 것을 요청하기 시작하였다. 왜냐하면 그 협정이 체코 왕국의 개혁에 장애가 된다고 생각하였기 때문이다.

3-2) 체코 신앙고백과 개혁파들의 불안한 연합

결국 로마 가톨릭의 점증하는 탄압에 저항하기 위하여 국내 개혁파들은 신앙과 고백의 문제, 자신들의 단체(Jednota)를 선언하는 집단행동에 나섰다. 그 결과 모든 개혁파 의원이 참여하는 신학위원회가 조직되어 새로운 신앙고백인 '체코 신앙고백'(Confessio bohemica, 1575)이 루터파의 아우크스부르크 신앙고백의 형태에 입각해서 작성된다. 그러나 체코 개혁파 내의 분열과 잠재된 갈등은 내부적으로 신학과 투쟁의 노선에 대해 논의할 겨를 없이 막강한 합스부르크 권력의 재가톨릭화 정책이라는 외풍에 직면하여 일시적으로 연합된 신앙고백을 발표하게 된다.

체코 신앙고백은 분열된 교회와 다양한 개혁 노선들의 신학과 주장을 모두 포함하는 형식을 취한다. 후스파의 '4개의 프라하 조항'이 부분적으로 그리고 몇몇 후스파 총회의 선언서, 부분적으로 제2차 스위스 개혁파 신앙고백, '형제단'의 신학적인 방향에 부응하는 하이델베르크 교리와 결합하였다. 후스파 계열들은 하나님의 말씀에 순종하는 진실한 기독교적인 삶을 강조를 하였고, 형제파 계열은 교회의 설교와 그리스도의 십자가를 지고 따르는 '믿음의 열매'에 대해 강조하였다.

1575년 5월 17일 막시밀리안 2세(Maxmilian II) 황제에 의해 '체코 신앙고백'이 선포되었다. 종교의 자유에 대한 황제의 약속을 체코의 개혁파 의원들은 만족해야 했고, 그들은 계속적으로 완전한 신앙의 자유가 보장되도록 노력하였다. 결국 1609년 루돌프 2세(Rudolf II) 황제는 체코 왕국에서 완전한 종교의 자유를 보장할 뿐 아니라 체코 왕국의 법령에 그것을 포함할 것을 힘쓴다는 '황제의 헌장'(Majestata)을 발표하기에 이르렀다.

'황제의 헌장'은 칼빈의 가르침에 따라 정치 참여를 지향하고 있는 '체코 신앙고백'의 문장 가운데 강하게 남아 있었고, 그것은 '체코 신앙고백'의 작성자 가운데 한 사람인 형제단의 교인이며 칼빈의 제자인 이지 스트레이츠(Jiří Strejc)의 영향이 컸다.

로마 가톨릭 측은 개혁파들이 연합하려는 노력을 막는 새로운 시도를 벌였으나 실패하였다. 완전한 종교 자유는 새로운 개혁적인 활동의 길을 열었다. 성경과 찬송가, 영성 훈련, 신앙서적 등의 개혁파들의 종교서적은 지속적으로 더 많은 판수를 거듭하여 출판되었다. 이 시대는 후에 체코 종교문학의 '황금시대'로 불린다.

유럽에서의 새로운 정치 발전과 체코 지역에서 개혁파 의원들 간의 불일치로 결국 체코 종교개혁은 비참한 종말을 맞게 되었다.

체코 신앙고백이 작성 발표된 장소 구(舊) 말로스트란스카 구청

4. 1620-1781년: 반(反)종교개혁(재가톨릭화)과 체코 개혁파들에 대한 박해

1) 30년 전쟁과 재가톨릭화에 의한 개혁파 박해

체코 종교개혁은 30년 전쟁(1618-1648) 기간과 그 후 체코의 100년 역사에서 거의 완전히 탄압되었다. 로마 가톨릭과 합스부르크 황제 페르디난드 2세에 저항하는 1618년 체코 혁명은 실패하였지만 그 혁명은 30년 전쟁을 촉발시켰다.

체코 개혁주의 귀족들(베드르지흐 팔츠케호Bedřich Falckého가 체코 왕으로 선출된 직후 잠시 동안 형성되었던)이 1620년 11월 6일 프라하 근교의 빌라 호라(Bílá Hora: 백산) 전투에서 완전히 패배를 당하게 되었다. 이 사건으로 그 후 300년 동안 90%가 개혁주의자들이었던 체코 영토에서 종교의 자유가 상실되었다.

27명의 체코 개혁주의 귀족 지도자가 1621년 6월 21일 재판을 받고 프라하 구시가지에서 처형을 당했다. 개혁주의 귀족들과 평민들은 로마 가톨릭 신앙을 받아들이도록 강요당하거나 아니면 추방을 당하였다. 로마 가톨릭과 유대교인들은 예수회의 반종교개혁 활동을 도왔다.

그 당시 30,000명이 추방을 당했는데 그중에 형제단의 마지막 감독인 코멘스키(J. A. Komenský)가 있었다. 지위를 박탈당한 추방자들로서 많은 사람들은 유럽 전역을 방랑하며, 젊은이들에게 좀 더 나은

빌라 호라 전투(1620, 피터 스나이어스 작)

교육을 시킬 수 있는 곳, 영적인 삶을 고양시킬 수 있는 곳(경건의 실천) 그리고 민족 간의 평화를 이해할 수 있는 곳을 찾아다녔다.

30년 전쟁을 마무리 짓는 1648년 베스트팔렌 평화협정(Westfälischer Friede)이 체코 영토에 남아 있거나 아니면 외국으로 흩어져 있는 체코 개혁자들에게 구원을 가져다주지 않았다. 그리고 1670년 코메니우스가 마지막 망명지 암스테르담(Amsterdam)에서 죽었다. 죽기 직전까지 체코 개혁자들의 희망 없는 상황을 알고 불쌍히 여기는 마음으로 그들을 위해 고별의 글 "죽어 가는 어머니(형제단)의 유산"(Kšaft umírajíci matky - Jednoty bratrské)을 썼다. 얀 아모스 코메니우스의 무덤은 현재 네덜란드 나르덴(Naarden)에 있다.

야만적인 '반종교개혁'은 160년간 계속되었고 '흑암의 시기'라고 표현할 수 있는 그 당시에는 공개적인 개혁교회의 삶은 눈곱만큼도 허락되지 않아 체코 영토 내에는 어떠한 종교개혁의 유산이 남아 있을 것 같지 않았다. 그러나 체코인들에게 종교개혁의 믿음의 불꽃이 결코 완전히 꺼진 것은 아니었다. 계속되는 박해에도 불구하고 '대지의 침묵', '감추어진 씨앗'으로 불린 종교개혁자들의 비밀 신앙 소그룹이 불법적으로 모였다. 그들은 비밀 예배 집회를 위해 마을에서 멀리 떨어진 숲속, 바위, 계곡에 모였다. 이웃나라 작센 공국(옛 동독 지역)과 폴란드에 살고 있는 체코 종교개혁 추방자들이 정규적으로 그들을 방문해서 영적으로 힘을 북돋우어 주었다.

외국 귀족과 시민들(특히 대부분이 독일인)이 합스부르크 통치자의 초청으로 체코 영토로 이주해 옴으로써 반종교개혁은 더욱 강화되어 체코인들의 삶은 점점 더 빈곤하게 되었다. 이 시기에 체코 영토 내의 로마 가톨릭 교회는 억압적이고 게르만주의적인 합스부르크 왕가와 매우 긴밀한 유대 관계를 맺게 되어, 후에 체코인들은 로마 가톨릭 교회에 대해 매우 부정적인 태도를 갖게 되었다.

반종교개혁 시대에 신앙 때문에 추방당한 체코 추방자들과 후에 다양한 자유의사에 따르는 이유로 자신의 나라를 떠난 이민자들이, 반종교개혁의 영향이 없는 당시 헝가리에 속해 있던 슬로바키아와 독일의 종교개혁 통치 지역으로 피난을 갔다.

2) 박해 속에서 세계 선교를 실천한 모라비안 형제들

후에 경건주의 신앙을 견지하던 이들이 독일 지역(작센)에 정착했다. 피난민들에 의해 세워진 독일 지역의 정착지 가운데 가장 유명한 곳이 헤른후트(Herrnhut)이다. 헤른후트는 1722년 모라비아의 형제단의 후예인 백작 진젠도르프(Nikolaus Ludwig von Zinzendorf)에 의해 설립되었다.

그는 1749년 교회 공동체를 창설한 직후 '재건(再建) 형제단'(Obnovená Jednota bratrská)을 설립하였다. 이것이 헤른후트의 '형제단'(Jednota bratrská, Unitas fratrum)이다. 앵글로 색슨 지역에서는 이것을 모라비안 형제단(The Moravians)이라고 부른다. 이 '형제단'은 후에 전 세계에서 선교 활동을 폈고 힘든 반종교개혁 시기를 극복하는 체코 형제단의 부유한 영적인 유산으로부터 새로운 가지를 뻗었다. 체코 종교개혁의 유산은 언제 어디에서도 소멸되지 않았고 오히려 해외선교를 통해 전 세계로 확산되었다.

5. 1781-1918년: '관용'의 시대와 완전한 종교 자유의 시대

1) 관용의 시대

오랫동안 지속되던 반종교개혁이 내적·외적으로 체코의 개혁교도들을 무기력하게 하였음에도 보헤미아와 모라비아 지역에서 160년간 극심한 박해의 시대에 약 80,000명의 비밀 개혁교도들이 존재하였다. 결국 계몽주의 시대의 통치자 요셉 2세 황제가 종교 자유의 평화를 선언하였다. 1781년 10월 13일 합스부르크 군주국 지역의 비가톨릭교도들에게 종교의 관용을 허락하는 '관용의 칙령'(Tolerancni patent)이 발표되었다. 관용은 사실상 로마 가톨릭교회의 엄격한 감독 아래에서 개혁교도와 다른 소수 신앙 집단에게 허락한 아주 제한적인 종교의 자유였다.

무엇보다 '형제단의 전통적인 개혁신앙고백'은 허용되지 않았고 단지 아우크스부르크(루터의 신앙고백)나 스위스 개혁교회의 신앙고백만 공식적으로 허용되었다. 처음에 등록한 70,000명의 개혁교도 가운데 대부분이 아우크스부르크 신앙고백보다 자신들의 예전에 가까운 스위스 개혁교회의 신앙고백을 선택하였다.

황제의 관용 선언은 100가정 또는 500명의 신도가 등록된 곳에 개혁교회 공동체의 설립을 허용하였다. 새로운 교회 공동체는 교회당의 탑과 종이 없는 단순한 형태의 예배당을 건축할 수 있었고 그나마 그것도 마을의 변두리에나 가능하였다(이것을 후에 '관용의 교회당들'이라고 부른다). 교회 공동체들은 자신의 설교자를 선임할 수 있었고 후에 교회학교의 교사를 임명할 수 있었다. 그러나 그들의 사례비는 반드시 로마 가톨릭 기관에서 지급하도록 되어 있었다. 개혁교회의 어떠한 선교활동도 금지되었고 새롭게 등록하는 개혁교도는 로마 가톨릭 사제에게 특별한 '종교 교육'을 받아야 했다. 이처럼 많은 장애에도 불구하고 '관용'이 선포된 후 5년 만에 루터의 신앙고백에 19,000명과 스위스 개혁교회의 신앙고백에 59,000명, 모두 78,000명의 개혁교도가 등록하였다. 1787년에 76개의 교회 공동체가 조직되었고 53개의 교회학교가 설립되었다.

관용의 교회들이 존립할 수 있었던 것은 헝가리 개혁교회와 슬로바키아의 루터교회 설교자들의 헌신적인 봉사가 큰 도움이 되었다. 그들의 영적인 돌봄의 희생과 형제애로 초기 관용의 교회의 가난과 또 다른 많은 어려움에 당시 개혁교도들은 좌절하지 않고 오히려 그것을 극복할 수 있었다. 관용의 시대는 완전한 종교 자유와 교회의 자유로 가는 여정에 매우 중요한 역사적 시기가 되었다.

2) 개혁교도의 칙령

1848년 유럽 대륙의 각 나라에서 일어난 혁명 이후 정세는 급변하였고, 그러한 국제 정치적 영향으로 체코 개혁교도들은 1861년 4월 8일 프란티섹 요셉 1세 황제의 '개혁교도의 칙령'에 의해 로마 가톨릭과 동등한 권리를 갖게 되었다.

개혁교회 공동체는 그때까지만 해도 시골에 더 많았으나 도시에 새로운 교회 공동체들이 생겨났다. 개혁교도들이 사회에 절대적인 영향을 주기 시작하였다. 당시 개혁교도 가운데 유명인사들로는 두섹(C. Dušek), 슈베르트(V. Subert), 야나타(J. Janata), 하옉(J. L. Hájek), 세베스타(F. Šebesta), 포코르니(V. Pokorny), 치사르시(F. Císař) 등이 있다.

개혁교 지성인 중에 중요한 역할을 한 사람들이 대체로 체코 역사가들이다. 파벨 요셉 사파르직(Pavel Josef Šafařík: 그의 책『슬라브 구제도』가 유명)과 '민족의 아버지'라 불리는 프란티섹 팔라츠키(František Palacký: 그의 책『보헤미아와 모라비아의 체코 역사』가 유명, 이 책은 5권 전집으로 1846-1876년에 출간)이 그들이다. 또한 후에 초대 대통령이 된 토마시 마사릭(Tomáš G. Masaryk)을 들 수 있다. 그는 진보적인 교수로 개혁교회로 개종하였다. 그는 정치철학 서적은 물론 종교적인 주제를 가진 유명한 책들인 『체코 문제』(Ceská otázka, 1895), 『얀 후스』(Jan Hus, 1896), 『현대인과 종교』(Moderní člověk a náboženstvi, 1899)를 저술하였다.

3) 1차 세계대전과 체코슬로바키아공화국 독립 그리고 찾아온 종교의 자유

1차 세계대전 이후 1918년 10월 28일 '체코슬로바키아공화국' 설립으로 완전한 종교 자유가 모든 사람에게 주어졌다.

3-1) 1918년 체코형제복음교회 설립

관용의 시대부터 독립적으로 존재하던 두 개의 신앙고백, 즉 루터교회와 장로교회 그리고 17-18개 체코개혁교회가 1918년 12월 프라하에서 총회를 열고 연합을 하였다. 당시 개혁교회 126,000명 교인과 루터교회 34,000교인이 있었다. 체코의 개혁전통 특히 형제단의 전통으로 연합된 교회의 설립은 체코형제복음교회(Českobratraská církev evangelická)로 이름이 붙여졌다. 연합된 교회의 상징은 '성경'(형제단의 전통) 위에 놓여 있는 '성찬잔'(후스의 전통)이 되었다.

풍부한 역사적인 뿌리 때문에 교회일치는 단지 연합의 차원을 넘어 에큐메니즘의 정신을 형성시켰다. 기본적인 기독교 신앙고백(예: 사도신경, 니케아 신경, 아타나시우스 신경)과 구후스파 신앙고백 '1420년의 프라하 4개 조항' 외에 루터 신앙고백인 1530년의 '아우크스부르크 신앙고백', 1535년의 '형제단의 신앙고백'(1662년 얀 아모스 코멘스키의 번역본에 따름), 1566년의 '두 번째 스위스 개혁신앙고백' 그리고 체코 개혁전통의 초기 에큐메니칼 기원이 되는 문서인 1575년 체코개혁교도의 첫 번째 연합인 '체코 신앙고백'이 공식적으로 채택되었다.

자유주의 국가에서 연합된 교회는 특히 선교활동의 가능성의 기회를 갖게 되었다. 1차 세계대전 이후 체코슬로바키아공화국에서 '로마로부터 탈퇴'(Pryč od Říma) 운동이 일어났다. 당시 체코 국민의 거의 18%가 로마 가톨릭교회를 떠났다. 대부분 그들은 합스부르크 군주와 밀접한 관련을 맺고 1차 세계대전 기간에 여러 면에서 신용을 잃게 된 가톨릭교회에 실망하였다. 처음 10여 년간 약 100,000명의 로마 가톨릭교인이 체코형제복음교회에 등록하여 120개 교회 250,000 명의 교인을 이룬 가장 큰 체코 개혁교회가 되었다.

3-2) 다른 개신교회들 등장

이 개종운동으로 다른 교회들도 많은 교인을 얻었다. 약 10,000여 명이 19세기 말 체코 영토에서 활동을 시작한 소수 개혁교회들에 가 입하였다. 회중교회인 '체코형제교회연합', '연합침례교회', '개혁감리 교회' 그리고 일부의 '구가톨릭교회' 등이다.

이 외에도 1920년에 '체코슬로바키아 교회'라는 이름으로 새로운 교단이 세워졌다. 민족교회로서 부분적으로 동방정교회와 관련이 있 으나 후스 전통을 계승할 것을 선언하였다(나중에 후스 전통에 근거한 교 회임을 강조하기 위해 '체코슬로바키아 후스 교회'로 이름을 바꾸었다).

※이 글은 이르지 오테르(J. Otter)의 "중부 유럽의 첫 연합교회, 체코형제복음교회"(První sjednocená církev v srdci evropy, Českobratrská církev evangelická, Praha 1992)를 참고하였다.

프라하에 서려 있는
후스의 발자취

1. 얀 후스의 종교개혁 활동의 온상, 카롤리눔(Karolinum)

(주소: Ovocný trh 560/5110 00 Praha 1, GPS: 50.0862339N, 14.4233031E)

. 카렐 4세(Karel IV)가 1348년 프라하에 설립한 카롤리눔은 북쪽으로는 알프스, 서쪽으로는 파리까지의 유럽 지역에서 설립된 최초의 대학이었다. 그러나 그 당시 대학 본관은 없었다. 교회 부속실이나 수도원, 교수 자택에서 이루어졌다. 구시가 유태인 지구 주변 학생 기숙사 근처에 1366년 카렐 4세가 구입한 집들조차도 필요한 공간으로는 충분하지 못하였다.

그래서 카렐의 후계자인 바츨라프 4세(Vaclav IV)는 1383년 은화 주조원이었던 J. 로톨레프에게서 거대한 고딕식 저택을 구입하여 근처 두 개의 건물과 함께 대학 건물로 활용토록 하였다(그중 하나는 오늘날까지 고딕식 1층이 잘 보존되어 있다). 점차적으로 진행된 공사로 강의실로 필요한 공간들과 교수 및 학생들의 기숙사가 생겨났다.

카렐 대학교(Karlová Univerzita) 본관은 스타보브스케 극장 왼편에 서 있다. 카롤리눔에서 제일 잘 알려진 곳은 옆면 벽 중앙, 이전 채플의 퇴창이 있는 2층 강당이다. 오늘날 강당에는 카렐 포코르니의 작품인 카렐 4세의 동상이 우뚝 서 있다. 이 강당에서는 입학식과 졸업식 및 대학의 여러 행사가 이루어진다. 행사 때마다 후스의 찬송가 "예수 그리스도, 관대한 사제시여"가 오르간으로 연주된다.

1396년부터 얀 후스가 이 대학에서 활동을 시작한 이후 카렐 대학이 첫 종교개혁의 정신적인 온상이자 출발지였음을 상기시켜 준다. 1401-1402년 철학부 학장으로, 1402-1403년과 1409-1410년에 대학 총장을 지냈다. 그는 'alma mater'(가장으로서의 어머니들이라는 뜻의 라틴어)를 바탕으로 개혁운동을 시작하고 이끌었으며, 특별히 1402년부터 대학 채플이었던 베들레헴 채플에서 설교를 개혁 운동과 결합시키기 시작하였다.

영국의 종교개혁자 존 위클리프의 가르침에 따라 얀 후스도 철학의 실재론(實在論) 사상에 입각하여 교회는 그리스도 복음의 가르침과 초대교회 사도들의 삶으로 철저히 돌아가 "머리부터 발끝까지 개혁되어야 한다"는 생각을 갖게 되었다. 비록 외국인 교수들은 반대했으나 후스의 개혁은 바츨라프 4세와 대학 내 모든 교수가 참여하는 전체회의, 즉 평의회로부터 기대를 받았다. 그 당시의 대학은 파리 대학의 제도를 따라 철학부, 신학부, 의학부, 법학부 4개의 학부로 나뉘어져 있었다.

교수들과 학생들은 출생에 따라 4개의 '민족', 체코인(체코 내 독일인 포함), 바바리아인, 색슨족, 폴란드인으로 구분되었다. 각 민족은 중요한 사항을 결정할 때 한 표씩을 행사했기 때문에, 외국인들은 대학 내에서 다수를 차지하였다. 대학 내에서 후스의 개혁에 동의하는 사람들은 주로 체코 민족 출신 교수와 학생들이었으며 반면에 후스 개혁을 반대하는 사람들은 외국인들이었다. 실제로 1403년에 대학 내 투표에 의해 위클리프의 가르침을 금지하는 법이 통과되었다. 이러한 상황을 타파하기 위해 대학 내 개혁파들이 쿠트나 호라(Kutná hora)에 모여 1409년 후스와 예로님(Jeroným)의 주도로 '쿠트나호라 칙령'(Kutnohorský dekret)을 발표하였다. 이 칙령에서 대학 내 중요한 회의에서 체코 민족 출신들은 일인당 3표를 가지며 외국인 출신들은 일인당 1표만 가지게 된다. 이 발표로 상황이 바뀌게 되어 외국인 교수와 학생, 특히 독일 출신 교수와 학생 약 800여 명이 오스트리아 비엔나, 독일 하이델베르크, 폴란드 크라코프 등으로 옮기게 된다(칙령은 카롤리눔 앞마당에서 성대하게 발표되었다).

위클리프의 가르침에 대한 논쟁이 극에 달하고 있을 때 후스는 1410년에 대학에서 종교개혁 투쟁에 뛰어들기 시작하였다. 그 당시 대주교였던 즈비넥(Zbyněk) 대주교는 반후스파 입장에 서게 된다. 그는 공개적으로 위클리프의 저서들을 불태우고 금지명령을 내렸다. 그럼에도 불구하고 후스가 베들레헴 채플에서 설교를 계속하자 결국 그를 파문하기에 이른다.

1412년 6월 7일 카롤리눔에서 후스가 예로님과 함께 교황의 면죄부 판매를 반대하는 공개논쟁을 벌였을 때 싸움은 더욱 치열해졌다. 후스는 도시에서 일체의 교회 활동을 금지하는 '성무금지령'이 1412년 9월 발표되자 곧바로 시골로 자진하여 내려갔다. 그리하여 후스의 프라하 활동은 여기서 끝이 난다.

하지만 대학과의 관계는 계속되었는데 특히 총장 후임자였던 야코우벡(Jakoubek)과의 관계는 콘스탄츠에 감금될 때까지 지속된다. 이때부터 후스는 성만찬 때 빵과 포도주 모두를 평신도들에게 나누어 주는 '이종성찬' 주장에 동의한다는 자신의 생각을 야코우벡에게 전하였다.

콘스탄츠에서 후스가 순교를 당한 이후, 대학도 그의 개혁 의지에 전적으로 동참하게 된다(후스는 공의회에서 절대 심판자이며 권위자이신 예수 그리스도에게만 자신의 고난을 호소하였으며, 교황과 공의회에 종속된 교회의 해방을 위해 끊임없이 기도하였다). 1417년 대학은 후스가 하나님의 진리를 위해 싸운 순교자였음을 선포하고, 이종성찬의 정당성을 승인하였다. 야코우벡과 그의 동료들은 후스의 개혁 요구 안을 정리하여 1420년 7월 14일 카롤리눔에서 '프라하 4개 조항'을 발표한다. 후스파들의 대학(카렐 대학)은 개혁운동이 끝날 때인 1620년까지 교리에 관한 문제를 조정하는 기관이 되었다.

프라하 4개 조항

제1항. 하나님의 말씀에 대하여

첫 번째로, 그리스도가 우리에게 명령하는 것처럼, 하나님 나라에 대한 하나님 말씀이 체코어로 자유롭게 그리고 기독교 사제들의 방해 없이 증언되고 설교되어지도록.

제2항. 이종성찬에 대하여

두 번째로, 그리스도의 제정과 명령에 따라 빵과 포도주 두 가지 방식으로 하나님의 거룩한 몸과 피는 죽음에 이르는 죄를 범하지 않은 모든 신실한 그리스도인들에게 자유롭게 주어져야 한다.

제3항. 사제들의 세속통치를 박탈하는 것에 대해

세 번째로, 많은 사제와 수도자들이 세속법에 의해 거대한 물질을 다스리고 있는 것은 그리스도의 명령과 자신들의 사제 관청의 법에 반하는 것이므로 그러한 사제들에게서 적법하지 않은 통치권을 빼앗도록 하기 위해, 말씀을 따라 우리에게 모범이 되는 삶을 살도록 하기 위해, 그리스도와 사도의 수준으로까지 우리를 인도하도록 하기 위해.

제4항. 죄의 처벌에 대하여

네 번째로, 모든 사람이 죽음을 면할 수 없는, 명백한 모든 죄들 그리고 하나님의 법에 반대하는 모든 것과 지혜롭게 싸우는 것을 공식적으로 정착하도록 하기 위해서. 게다가 이 땅이 악하고 왜곡된 평판으로부터 깨끗하게 되어 보헤미안 왕국과 언어가 융성하도록 하기 위해(역자주: 성직자에 의해 저질러지는 모든 죄를 포함한 공적인 죄를 처벌하는 것).

종교개혁 기간 동안 카롤니눔은 중요한 교회 행사들이 열리는 장소이기도 하였다. 이곳에서 후스파 사제들의 총회들이 열렸고, 이종성찬주의자들의 '개혁파 종교의회' 선거를 실시하였다. 특히 1421년 총회가 중요한 것은 가톨릭은 물론 타보르파와도 다른 프라하파의 이종성찬에 대한 교리가 형성되었기 때문이다. 1431년 펠흐르지모프의 미쿨라시(Mikuláš z Pelhřimova) 주교에 의하여 작성된 '타보르 신앙고백' 또한 이곳에서 발표되었다. 100년 후인 1543년 이종성찬 주의자와 루터파의 교리의 차이점에 관한 협의가 이곳에서 이루어졌다.

그 후 얼마 안 있어 카롤니눔에서는 신교도들의 회의가 열린다. 루돌프 2세의 '관용의 칙령'(종교의 자유에 관한) 내용을 고수하려는 신교도들과 그 내용을 없애려는 가톨릭 세력들 간의 충돌이 있던 때인 1618년 봄, 마티아시(Matyáš) 황제는 협의 요청을 받아들여 신교도 대표들을 소집한다. 황제가 요구서를 거부하고 다른 회의도 금지시키자 1618년 5월 21일 신교도들이 분개하여 이곳에서 모임을 가진 후, 이틀 뒤 무장한 사람들을 대동한 대표들을 프라하 성으로 보낸다. 그러나 협의를 채 마치지도 전에 황제의 총독들을 창문 밖으로 내던지는 사건이 발생한다. 이른바 제2차 '창문 밖 투척 사건'으로 합스부르크의 가톨릭 지배에 반대하는 시민 항쟁의 시작을 알리는 사건이었다.

1620년 백산(Bílá hora)전투에서의 패배로, 승리자 페르디난드 2세(Ferdinand II)는 체코 개혁에 참여한 대학에게 형벌을 가한다. 그는 1622년 대학을 제수이트들이 관리하도록 하게 하였고, 제수이트들은 클레멘티눔(Klementinum)에 있는 독일어 대학과 카롤니눔을 통합해버렸다. 카렐 대학은 카렐-페르디난드 대학이라 개칭되고, 체코와 독일 파트로 나뉘어져 있던 1882년까지 독일 행정 아래 있었다. 카렐 대학은 제1공화국 시절인 1920년에 와서야 비로소 카렐 대학으로 재개편되었다.

2. 후스의 종교개혁 토론 장소, 구시가에 있는 성 미할
(sv. Michal) 옛 교회당

(주소: Michalská 662/29, Praha 1, GPS: 50.0862633N, 14.4202303E)

후스는 베들레헴 채플에서 일하기 전인 1311년부터 원래 고딕양식의 성 미할 교회당에 자주 초빙 받아 설교를 하였다. 당시 주임신부는 '십자군 기사단' 수도회 소속 즈데라즈의 베르나르드(Bernard ze Zderazu)였다. 후스와 예로님(Jeroným) 두 사람은 이 교회에서 대학의 다른 교수들과 만나 영국의 종교개혁자 존 위클리프(John Wycliffe)에 대해 토론을 하였다. 1399년 여기서 후스는 위클리프의 몇몇 논문에 대해 폭넓은 대화를 나누었다.

1406년부터 성 미할 교회에서 후스와 같은 고향 출신이며 신실한 친구인 프라하티츠의 크르지슈탄(M. Křišťan z Prachatic)이 활동하였다. 그는 1411년 3월 15일 자신의 교회에서 열린 후스 파문에 대한 논의 를 용감하게 거부하여 프라하 시민들의 커다란 신망을 받았다. 후스 혁명 이후 그는 이종성찬주의자들에 의해 프라하 종교의회(코지스토 즈)의 초대 책임자가 되었다. 그리고 1412년에 후스에 이어 교수회의 에서 총장에 선출되었으며, 카렐 대학에서 가르치기도 했다. 총장으 로 재직 중에 성 미할 교회와 대학에서 면죄부 판매 반대를 목표로 하는 학구적인 토론을 계속하였다.

성벽 속의 마르틴 교회(kostel u Martina ve zdi)에서 이종성찬의 성만찬 시행 직후인 1414년 가을에 이 교회에서 같은 성만찬이 시행되었다. 이종성찬의 주요 창시자 야코우벡(M. Jakoubek)도 그 당시 이곳에서 자 주 설교를 하였다.

1415년 봄, 성 미할 교회의 크르지슈탄은 체포된 후스를 만나러 콘스탄츠(Constanz: 후스의 종교재판이 열린 도시이며 독일 남부의 스위스 국경을 접하는 도시)로 떠났으나 거기서 그도 역시 수감되었다가 후스 화형 직 전에 풀려나 프라하로 돌아온다. 크르지슈탄이 죽은 뒤에 성 미할 교회 에서 12년간 사제로 믈라도노비체(또는 믈라데노비체)의 페트르(M. Petr z Mladonovic 또는 Mladenovic)가 활동하였다. 대학에서 후스의 유능한 제자 였던 그는, 1414년 가을 콘스탄츠 종교회의의 후스 동반자들 가운데

한 사람이었으며, 카렐 대학의 동행단 대표였던 흘룸 출신의 귀족 얀 (Jan z Chlumu)의 비서였다. 그는 서기로 외교관으로 일하였으며 대표 단을 위해 많은 서류를 작성하였다. 콘스탄츠에서 후스가 체포된 후 처형되지 않도록 도왔으나 어떠한 공개적인 지지를 얻지 못하였다. 감옥에서 자신의 선생들에게 그리고 친구들에게 다방면으로 도움을 호소하였으며, 콘스탄츠 화형장에까지 후스를 동행하였다.

후스파의 혁명 시기에 페트르는 대학 교수로 임명된 이후 온건파 이종성찬 지지자들의 입장에 섰다. 1420년 말 급진주의적인 타보르 파 대표들과의 신학 논쟁에 참석하였고 1426-1427년에 철학부 학 장이 되었으며, 1440-1441년까지 크지슈탄의 후임으로 총장이 되었 다. 후에 얀 로키차나의 후스파 노선에 접근하여, 로키차나의 프라하 대주교 승인에 대한 로마 교황청과의 협상 외교관으로 활동하였다 (II/5).

후스파 시대 초기에 미할 교회에 극적인 사건들이 일어났다. 그 사건은 비트코바 호라(Vítková hora. 프라하 카를린에 있는 말 동상이 있는 산) 에서 지그문드의 십자군을 물리치면서 이룬 첫 번째 대승리 직전에 일어났다. 1420년 7월 15일 공포로 뒤덮여 있을 때 타보르파의 귀 족 바츨라브 코란다(V. Koranda St.)가 교회당으로 말을 타고 들어와 교 회당의 긴 좌석 의자를 떼어 적군의 공격에 대항하여 비트코바 산에 튼튼한 바리케이트를 친 일이었다.

블라도뇨비체 이후 미할 교회의 책임자는 종교개혁 발전을 위해 큰 의미가 없는 대체로 온건한 구 우트라퀴스트였다. 그러나 이 교회는 200년이 넘게 후스파 개혁과 관련이 있었다. 빌라 호라(Bílá hora: 백산에서 벌어진 가톨릭파와 개혁파 간의 전쟁을 의미함) 이후 아일랜드 수도회로 넘겨져 교회 터에 바로크 양식으로 재건축하여 수도원으로 운영하였다. 요세프 황제 개혁 시대인 1789년에 수도원은 폐쇄되고 교회당은 창고로 변경되었다. 그 후 200년간 두 건물은 완전히 황폐화되어 고문서 창고로 사용되었다. 최근 1990년대에 많은 비용을 들여 프라하 시가 문화적인 목적을 위해 교회당을 식당으로 개조하였다 (그 공간에서 카프카의 개념에서 프라하 역사를 설명하는 "성 미할의 비밀"이라는 문화 시청각 프로그램이 상영되고 있다).

3. 후스의 체코어 설교가 울려 퍼진 베들레헴 채플

(Betlemská kaple)

(주소: Betlémské náměstí 255/4 Praha 1, GPS: 50.0843617N, 14.4174350E)

이 채플은 1391년 5월 24일에 시작하여 1394년에 완성된다. 바츨라프 4세의 독일인 궁정기사였던 밀하임의 얀(Jan z Milheimu: 독일 원명은 '폰 뮐하임')이 채플의 건축비를 담당하고, 부유한 상인이며 프라하 시의원이었던 바츨라프 크르지시(Václav Kříž)가 땅을 기부하였다. 이 두 사람은 프라하 지역에 오직 설교만을 위한 예배처를 설립하고자 했던 밀리치와 마테이의 소망을 이루는 데 한몫했던 것이다. 기증받은 토지가 건물을 짓기에 충분하지 않아 근처 공동묘지였던 자리와 지금은 채플 안에 자리하고 있는 공동 우물이 있는 공유지를 좀 더 구입해야 했다.

15개의 기둥이 지붕을 떠받치고 있고 3,000명의 청중이 들어갈 수 있는 커다란 강당(개혁운동의 적들은 이 강당을 창고라고 하였다) 같은 고딕식 구조물은 밀하임이 기초한 선언문의 내용대로 사용되어야 했다. 선언문의 내용은 다음과 같다. "베들레헴, 번역하면 떡집이라는 뜻으로 일반인이나 그리스도를 믿는 이들이 신성한 설교 말씀으로 충만해지는 곳이다." 그곳은 '베들레헴의 성인들', 즉 학생들과 제자들의 후원자들에게 헌정되었다. 그래서 대학과 연결될 수밖에 없었다. 카롤니눔의 세 명의 원로교수와 프라하 시장은 채플 설교자들의 약속에 당황해 하였다.

이 채플은 교구교회로서의 의무나 권리가 없었으므로 단지 설교관으로서의 임무를 충실히 수행할 수 있었으며, 체코 개혁의 선구지가 될 수 있었다. 얀 프로티보프 사제(Jan Protivov, 1396년까지)와 콜린의 슈테판(M. Štěpán z Kolína, 1402년까지) 이후 얀 후스(Jan Hus)가 대학에 의해 선출된 채플의 설교자가 된다. 그는 대학에서 논의되어 온 개혁에 관해 그의 청중들의 관심이 증가하면서 자신의 역할을 잘 수행할 수 있었다. 초기에는 1408년까지 영국의 종교개혁가 존 위클리프(John Viklef)의 사상을 바탕으로 프라하의 신학자들을 개혁하였고, 후에 프라하의 개혁신학자 밀리치(Milič)와 야노프의 마테이(Matěj z Janova)의 사상에 따라 교황이 지배하는 교회를 성서에 입각하여 날카롭게 비판하였다. 나중에는 전쟁을 목적으로 돈을 모으기 위한 면죄부 판매에 저항하여 일어났다.

설교할 때에는 배운 사람들이든 못 배운 사람들이든 모든 계층의 청중이 후스와 함께 완벽한 하나가 되었다. 소피에 여왕(Královna Žofie)도 기사 얀 지슈카(Jan Žižka)를 동반하고 설교하는 곳에 왔었다. 후스의 설교를 듣고자 하는 사람들의 숫자가 늘어나는 만큼 신자들의 감소를 경험하는 다른 교회들의 불만도 커졌다. 후스는 교회에 몇 가지 새로운 혁신을 시도하였다. 교회의 그림들과 조각상들 대신 십계명과 사도들의 간증, 찬송가 가사들로 교체하였다. 예배시간에는 직접 만든 찬송가를 함께 불렀다.

교황의 파문에도 불구하고 그는 설교와 교육활동을 계속하였다. 그러다 프라하에 성무금지령(1412년 9월)이 내려지자 시골로 내려간다. 그곳에서 종교재판에 참석하기 위하여 콘스탄츠로 떠나는 1414년까지 좀 더 넓은 하늘 아래에서 설교를 하였다. 그 시기에 중요한 글들을 완성하였다. "주님을 증언하라. 필요하다면 그의 신실하신 말씀을 위해 죽음도 견뎌라." 조금 더 덧붙여, 후스의 불명예스러운 죽음에 분노한 체코 귀족들은 1415년 9월 2일 452명의 서명을 첨부한 항의 서한을 콘스탄츠에 있는 종교의회에 보낸다. 이는 로마 가톨릭 지배 권력에 대한 첫 번째 저항이었으며, 체코 개혁교도들의 진정한 외침이었다.

후스의 순교 이후(1415년 7월 6일), 베들레헴 채플의 설교단은 그 당시에 대학 총장이었던 스트르지브로의 야코우벡이 물려받는다. 그는 모든 신자가 성만찬 때마다 성찬잔을 받을 수 있는 개혁 프로그램을 끌어들이는 데에 드레스덴의 목사들, 특히 미쿨라시(M. Mikuláš) 목사의 지원을 바탕으로 성공했다. 콘스탄츠 감옥에 수용되어 있던 후스의 동의 이후, 야코우벡은 이웃에 있는 벽 속의 마르틴 교회(Kostel Martina ve zdi)에도 이종성찬의 성만찬을 적극 권유한다. 베들레헴 채플에서 성찬잔을 사용하는 것은 교회의 최고 권위자는 로마 교황이 아니라 예수 그리스도 자신이라는 체코 종교개혁의 신념을 확연히 보여주는 사건이었고, 후스는 그분에게 구세주로서 최고 재판관으로서 자신의 고난을 호소하였다. 야코우벡 이후로 베들레헴 채플의 새로운 목사는 드라호프의 바츨라프(Václav z Dráchova)가 되었다. 그러나 리판 전투 이후 1346년 지그문트 황제는 프라하에서 그를 추방한다. 1448년 포데브라디의 이르지 왕이 집권하자 베들레헴 설교관으로 돌아올 수 있었다. 그가 추방당하였던 기간 동안 그를 대신하여 성 일리 교회의 프르지브람의 얀(M. Jan z Příbramě)이 그를 대신하였다.

야겔론 왕조의 루드빅 통치 시기인 1521년에 베들레헴 채플에서 독일어로 설교를 들을 수 있었다. 마틴 루터(Martin Luther)의 추종자였던 토마스 뮌처(Tomas Müntzer)가 대학 초청으로 프라하에 왔기 때문이다. 사람들은 뮌처가 체코의 이종성찬주의와 독일 개혁사상의 이해에 도움을 주리라 기대하였으나 오히려 그 자신의 재세례파에서의 위치와 급진적 사회이론을 선전하는 데에 급급하였다.

그 당시 루터 사상에 관심이 있었던 독일 시민 그룹이 토마스 뮌처를 프라하로 초청하였다. 얀 후스의 사상을 언급한 설교를 체코어로 통역하자 일반 시민들로부터 열렬한 환호를 받았다. 특히 체코에서 이루고자 했던 하나님 나라에 관한 후스파의 목적에 동의하였을 때 독일 전체에 널리 확산될 것이라 기대하였다. 그러나 대학 내의 교수들은 뮌처의 사회 급진론과 천년왕국설을 거부하였다. 뮌처는 프라하에서 강제로 쫓겨날 때까지 기독교 사회의 혁명적 부흥에 관한 "선언서"를 내려고 시도하였다. 뮌처가 지방 봉기에 실패한 후 1525년 반역자로 몰려 처형당하였을 때, 프라하 있는 그의 독일 및 체코 추종자들도 어려운 시간을 보내야 했다.

베들레헴 채플은 1609년 7월 12일 루돌프 2세의 '황제헌장'으로 신앙의 자유를 얻기까지 이종성찬 교회에 속해 있었다. 채플은 법 외에 있던 체코형제단(Jednota bratrská)에게도 사용을 허락하였다. 교회의 새 관리자는 1618년까지 마톄이 치루스(B. Matěj Cyrus)였고, 1620년부터 1622년까지 그의 뒤를 이은 사람이 나중에 코멘스키의 사위가 되는 얀 치릴(Jan Cyril)이었다. 재가톨릭화 시기에 몰수당한 채플은 도미니크 수도회의 재산이 되고, 1661년 제수이트들에게 팔았다. 제수이트들은 고딕식의 박공을 없애고 설교관을 덮었으며, 후스가 벽에 적어 넣었던 이름들도 지워버렸다. 그러나 지붕 밑 다락방을 포함한 채플의 일부분을 후스주의 사람들의 설교관을 위하여 도로 판매한다. 1777년 제수이트 법령이 해제된 후 채플은 사용되지 않았었지만 그렇다고 완전히 문을 닫고 없어진 것은 아니었다. 1781년 관용의 칙령이 선포된 후 프라하에서 새로 형성된 개혁파 회중교회가 채플 사용을 요구했으나 허락되지 않았다. 1786년 이미 황폐해진 건물은 파괴된다. 단지 세 벽만 남은 자리에 1836-1837년 꽤 큰 아파트 건물이 세워진다.

프라하 개혁파들과 체코 애국주의자들은 '체코 개혁의 요람'을 결코 잊은 적이 없었다. 채플을 재건하려는 노력은 친가톨릭의 합스부르크 왕조 때에는 거의 불가능하였고, 게다가 채플 자리 일부분이었던 255호집은 독일인의 소유였다. 1919-1920년에 걸쳐 특별 조사가 이루어졌을 때, 채플의 부분들이 잘 보존되어 있는 것을 확인하였다. 체코슬로바키아공화국의 첫 의회는 아파트를 사들여 베들레헴 채플을 재건하자는 얀 헤르벤(Jan Herben) 작가의 안건을 받아들였다. 그러나 카롤리눔 보수가 우선이었기 때문에 이 계획은 이루어지지 않았다. 이 과제는 후스박물관협회로 넘겨졌으나, 재정문제 때문에 받아들여지지 않았다. 1941년 모든 프로테스탄트 교회가 앞장을 서 베들레헴 채플 재건을 위한 특별위원회가 발족된다. 제2차 세계대전 이후 아파트는 독일인 재산으로 압류되고 건물을 없앨 수 있었다. 슬로바키아 문화부가 채플의 재건축을 맡아 1950-1954년에 피에타상과 더불어 원래의 형태로 재건하였다.

신축된 베들레헴 채플은 지붕 대들보가 드러나 있는 원 집의 바닥과 높이를 그대로 유지하고 있다. 동쪽 벽면이 원형을 가장 많이 유지하고 있다. 대형 고딕식 창문, 설교자들의 집과 설교관 입구 말이다. 서쪽 부분은 세 개의 고딕식 창문이 복원되었고, 채플 안에 있는 원래의 우물도 그대로 두었다(깊이 8m). 후스와 야코우벡의 자료를 기초로 하여 원 벽의 그림대로, 함께 불렀던 몇몇 찬송가 악보도 복원하였다. 옌스키의 후스 시대 성경과 리헨탈의 콘스탄츠 연대기, 벨리슬라프의 성서 내용에 따른 그림들이 추가되었다.

동쪽 벽면 뒤쪽에 있는 기념 현판은 이곳에서 면죄부 판매에 반대하는 후스의 항의를 공개적으로 지지하던 세 청년(마르틴, 얀, 스타섹)이 구시가 광장에서 교수형에 처해졌고, 이곳에 매장되었음을 알려 준다.

채플 서쪽으로 고딕식의 정문과 더불어 설교자의 집도 예전 그대로 복원해 놓았다. 이곳에서는 몇 년간 얀 후스도 제자들과 생활하였었다. 이 집 1층 홀에 원 중세식의 돌바닥이 보존되어 있다. 오늘날에도 이 채플에서는 후스의 활동뿐 아니라 베들레헴 채플이 재건되기까지의 과정에 관한 여러 자료들이 전시되어 있다.

그리고 후스파와 관련하여 베들레헴 채플 주위에 꼭 둘러보아야 하는 두 곳이 있다. 하나는 이종성찬이 공식적으로 처음 시행되었던 '벽 속의 마르틴 교회'(Kostel sv. Martina ve zdi, Martinská 거리, Praha 1, GPS: 50.0830250N, 14.4198306E)와 체코 종교개혁의 태동을 알리는 밀리츠의 '예루살렘'(Konviktská 291/24Konviktská - ulice Bartolomějská, Praha 1 – 학사지역, GPS: 50.0826611N, 14.4165217E)이다.

4. 후스의 존 위클리프 연구 학술토론 첫장소, 나 프르지코베

검은 장미의 집(Dům "U černé růže" Na Příkopě)

(주소: Na Příkopě 853/12 Praha 1, GPS: 50.0848167N, 14.4256678E)

'황금 교차로'인 프라하의 중심지에 숨겨져 있는 우 체르네 루세(Ú černé růže) '검은 장미의 집'라는 옛 대학 건물이다. 종교개혁의 과거를 지니고 있는 문화재가 현대식 상가로 변한 것이 매우 놀랍다. 원래는 고딕 건물로 체코 대학 교수들을 위한 기숙사로 사용하였다.

1408년 이곳에서 마스터 예로님(M. Jeroným)이 옥스퍼드에서 프라하로 가져온 영국 종교개혁자 존 위클리프의 문서들에 대한 첫 번째 학술 토론이 열렸고, 후에 마스터 얀 후스가 진지하게 그를 연구하였다. 위클리프에 대한 관심을 가진 사람들로 종교재판을 앞두고 프라하로 도주한 드레스덴의 독일인 교수들이, 1412년에 지역 교수들로부터 열렬한 환영을 받으면서 위클리프에 대한 연구와 토론을 더욱 심화했다. 드레스덴의 니콜라우스와 그의 동생 페트르가 이 연구를 주도했다. 니콜라우스는 이종성찬에 대해 마스터 스트르지베르의 야코우벡과 매우 활발히 협력하였다. 초기 독일 색슨 지역 모임에서 그는 성배를 받는 성만찬을 소개하였다. 성서신학적인 견해에 따라 니콜라우스는 이종성찬 성만찬(떡과 포도주 모두 받는)의 형식을 정하도록 야코우벡을 도왔고, 프라하 '벽 속의 마르틴 교회'에서 이것을 시행하기 시작했다.

체코 종교개혁 시대에 독일인 후스 추종자들의 실재에 대해 많은 사람들이 알지 못한다. 그러나 그들은 후스 종교개혁 시대에 대단히 중요한 부분이었다. 후스의 죽음 이후, 많은 독일인이 체코 선생들보다 더 열정적으로 성찬잔 문제에 관심을 기울였다는 사실이 알려졌다. 얀 드라엔도르프(Jan Draendorf)는 1417년에 이종성찬을 시행하는 교회에서 사제서품을 받았다. 다른 독일인들은 후스의 종교개혁 프로그램을 열정적으로 독일 땅에 전파하였다. 대부분은 독일에서 종교재판의 희생자로서 최후를 맞이했다. 첫 번째 희생자들 중에 드레스덴의 니콜라우스도 있었다.

현재는 앙피르 양식 발코니의 황금 판넬 위에 검은 장미 문장만이 후스 시대의 지나간 역사를 알려 주고 있다. 검은 장미의 집으로부터 아주 예쁘게 수리된 넓은 보행길, '나 프르지코베'(이전에 구시가의 성벽과 호가 있었다) 거리를 따라 계속 걸어간다. 같은 쪽으로 얼마 가지 않아 고전적인 성 십자가 교회를 보게 된다. 그곳에서 약 100m를 역시 같은 쪽에 있는 '슬로반스키 둠(집)'으로 걸어간다. 이 집은 프르지호브스키 백작 가문을 위해 고전적인 양식으로 18세기 말에 건축되었다. 전설에 따르면 원래 작은 고딕양식의 집이였으며 1414년부터 트로츠노브의 얀 지슈카(Jan Žižky z Trocnova) 소유였다. 당시 그는 '왕실 문지기'였고 '애꾸눈 야녜'으로 유명하였다.

근처에 화약탑(Prašná brana)이 있다. 후스 종교개혁 시대에 구시가를 둘러싸고 있는 8개의 탑 가운데 하나였다. 1757년 프러시아가 프라하를 포위하여 공격할 때 크게 파괴되었고, 후에 오늘날의 유사 고딕양식으로 재건되었다. 18세기 초 그 탑 안에 화약을 넣어 두었기에 화약탑이란 이름이 붙여졌다.

5. 후스가 자신에 대한 이단 비판을 반박한 곳, 구시가의 왕의 궁전(Králův dvůr)

(주소: nám. Republiky 1090/5 Praha 1, GPS: 50.0876194N, 14.4282411E)

　프라하 시의 성문인 화약탑 오른쪽에 바츨라프 4세가 1383년에 보헤미아 통치자를 위해 세운 구시가의 성이 있다. 이곳은 현재 시민 회관이다. 이 성은 원래 구시가의 문에 붙어 있었고 '왕의 궁전'으로 알려졌다. 그의 계승자들 가운데 후스파의 포데브라디의 이르지(Jiří z Poděbrad)까지 여기에 거주하였고, 그 다음 계승자인 블라디슬라브 2

세 야겔론스키(Vladislav II. Jagellonský)가 흐라드차니에 있는 성으로 이사를 하였다.

체코 역사에 자주 언급되는 구시가의 왕의 궁전은 얀 후스의 활동과도 관련이 있다. 후스는 1414년 8월 26일 콘스탄츠로 가는 것을 결정하기 전 성문에 이단자로 자신을 정죄하는 사람들에게 공개적으로 증거를 제시하라는 '성명서'를 붙였고, 다음 날 바츨라프 4세는 그를 정죄할 아무런 증거도 제시하지 못한다는 새로운 성명서를 발표하였다. 만약에 그가 이단임을 증명하게 되면 콘스탄츠에서 열리는 종교회의에 그를 세워 이단으로 벌을 받게 하겠다고 하였다. 격변의 1420년에 콘라드 스타르시가 지휘하는 타보르파들이 비트코바 산 전투를 앞둔 프라하 시민들을 돕기 위해 방문하여 황폐화된 궁전에 주둔하였다.

후스파의 왕 포데브라디의 이르지가 자신의 거주지로 1458년부터 왕의 궁전을 사용하였다. 1462년 8월 10일 종교회의 참석자들이 '바젤조약'이 무효임이 선언되었다는 소식을 전했고, 왕 이르지는 이단을 축출해야만 한다는 교황으로부터 온 소식을 들었다. 그러나 왕은 "나는 왕위를 위해 신앙을 팔지 않을 것이다. 사랑의 하나님이 깨닫게 한 것은 나와 나의 아내, 그리고 우리 자녀들은 위대한 왕위와 생명까지도 내어 줄 준비를 하고 있다"고 결단한다. 그 이후 왕은 1467년 4월 종교회의에서 교황으로부터 이단으로 낙인이 찍혔고, 다음 종교회의에 교황의 결정 철회를 요청한다. 왕의 궁전에서 1471년 3월 25일 후스파 왕 이지의 장례식이 열렸다. 그의 시신은 성 비트 성당의 왕의 묘지에 모셨고, 그의 심장은 은상자에 넣어 틴 성당에 두었다.

광적인 가톨릭 신자로서 형제단을 억압하고 소유를 몰수하려고 한 블라디슬라브 2세(Vladislav II) 왕은 프라하의 새로운 소요사태가 발생한 시기인 1483년에 구시가가 안전하지 않았기 때문에 프라하 성으로 돌아왔다. 당시 소위 제2차 프라하 투척 사건이 발생하여 왕의 임명을 받은 부패한 집정관들이 시청 창밖으로 투척되는 사건이 있었다.

버려진 궁전은 곧 황폐화되고 점차적으로 이웃하고 있는 수도원에서 사용하다가 후에 군거주지 그리고 시청 직원들의 주거지로 사용되었다. 20세기 초에 원래의 왕의 궁전의 모든 건물이 철거되고 그 자리에 프라하 시민회관의 대표적인 건물이 들어섰다. 큰 홀에서 1918년 12월 17-18일 체코개혁파들(당시 루터와 칼빈의 신앙고백 교회들)의 총회가 열렸고, 이 회의에서 두 교회는 '체코형제복음교회'(ČCE)로 통합을 선언하였다.

6. 후스파 교회 총회본부, 틴 앞의 성모 마리아 교회

(주소: Kostel Matky Boží před Týnem (Týnský chrám) Praha, GPS: 50.0877778N,
14.4228239E)

구시가지 광장에 회랑이 있는 두 개의 고딕 건물 뒤로 틴 성당 앞
의 성모 마리아 교회당의 거대한 탑이 우뚝 솟아 있다. 초기 고딕 양
식의 프라하 대표적인 중앙 성당으로 카렐 4세가 1365년에 세웠다
(1511년에 완성됨). 1360-1369년에 독일 개혁교회 설교가 콘라드 발트
하우스가 그리고 그가 죽은 후에 크로메르지시의 얀 밀리츠가 이 교

회에서 활동하였다. 존 위클리프의 가르침과 교황의 면죄부 판매 문제에 대해 대학에서 논쟁이 일어났던 시대에, 얀 후스와 야코우벡이 이 성당의 설교자로 일했다. 면죄부 판매 시위를 벌였던 후스의 젊은 추종자 세 사람이 1412년 틴 교회당 입구 모퉁이에서 처형당하였다.

틴 성당은 체코 종교개혁 시대에 가장 유명한 후스파 교회당이었다. 당시 후스파의 가장 높은 공식기관인 '개혁파 종교의회, 돌르니 콘르지스토르시'가 틴 성당에 위치하고 있었으며, 가톨파의 가장 높은 공식기관인 '가톨릭 종교의회, 호르니 콘르지시토르시'는 프라하 성의 성 비트 성당에 위치하고 있었다. 얀 로키차나(Jan Rokycana)는 1427년부터 '틴 앞의 성모 마리아 교회'의 행정 관리자 및 수석 설교자로 일하였으며, 1435년에 그를 이종성찬 교회들의 대주교로 체코 국가회의가 선출하였다. 1436년에 로키차나는 틴 교회로부터 바젤에서 열린 종교회의에 후스파 협상 사절로 파송되었다. 바젤 종교회의에서 성찬잔의 사용에 관한 자신의 글로 방어하였다.

'후스파의 왕' 포데브라디의 이르지(1457-1471)의 통치시대에 틴 성당 지붕의 중앙부에 움푹 들어간 곳에 금 성찬잔과 그 아래 "하나님의 진리가 승리한다"라고 쓰여 있는 왕의 형상이 놓여 있었다. 반종교개혁 시대에 이 후스파 상징은 성모 마리아 형상으로 교체되었다. 성모 마리아상 뒤의 금으로 된 후광은 금 성찬잔을 녹여 만든 것이다.

틴 앞의 성모 마리아 교회당은 빌라호라 전투 때까지 체코 종교개혁운동의 주요 성당이자 중심이 되었다. 이웃 나라 독일에서 1519년 얀 후스 선생의 종교개혁 유산을 이어받은 새로운 종교개혁자 마르틴 루터의 등장 이후 프라하에서 루터의 제자로서 토마스 뮌처가 환영을 받았다. 1521년 베들레헴 채플과 틴 성당에서 뮌처의 독일어 설교가 체코어로 통역되었다. 틴 교회에서는 루터의 영향을 받은 몇몇 후스파 설교가가 번갈아 가면서 설교하였다. 예를 들면 1523년부터 개혁파 종교의회의 최고 행정관이었던 하벨 차헤라(Havel Cahera)가 하였고, 1539년부터는 바츨라프 미트마넥 박사 같은 인물들이 담당하였다. 이 두 사람은 페르디난드 1세의 반종교개혁 시대에 프라하에서 추방되었다. 다음으로 1542년부터 후스파 종교의회의 책임자가 된 얀 미스토폴이 틴 교회의 탁월한 설교자가 되었다. 루돌프 2세 황제 대헌장 발표 이후 엘리아시 슈드(1609-1614년)가 설교자가 되었고, 1618년 프리드리흐 팔츠키를 왕위에 즉위시킨 이지 디카스투스(1614-1621년)가 마지막 후스파 사제였다. 빌라호라 전투 이후 드레스덴에서 망명자로 생을 마쳤다.

  틴 성당 안에는 주목할 만한 역사적인 무덤들이 안치되어 있다. 틴 성당에서 얀 로키차나 선생의 장례식이 있었다(1471). 후에 여기서 1484년부터 후스파 신부로 임명된 미란도라의 루치안(Lucian z Mirandoly) 비숍의 장례식이 있었다(1493). 1601년 여기서 루돌프 2세 황제 시대에 유명한 덴마크 천문학자 개혁파 티호 브라헤(Tycho Brahe)의 장례식이 있었다. 그의 장례식에서 후에 귀족들의 반란(역자주: 30년 전쟁의 시작)의 지도자 가운데 한 사람이며 구시가 광장에서 처형당한 대학 총장 얀 예세니우스(dr. Jan Jesenius) 박사가 설교를 하였다. 티호 브라헤의 무덤이 오늘날까지 교회당의 중앙 제단 앞 오른쪽 기

둥 옆에 보존되어 있다. 2010년 11월 15일 프라하 시는 덴마크 과학
자들과 체코 과학자들이 티호 브라헤 무덤을 열고 머리카락과 뼈 등
일부를 채취하여 그의 죽음을 규명하도록 하였다. 그는 1567년 12월
14일 덴마크에서 태어났고 1601년 10월 24일 프라하에서 죽은 개혁
교인이다. 원래 이름은 Tyge Ottesen Brahe이다. 그는 지구 주위로 해
와 달이 돌고 다른 행성은 태양 주위를 돈다는 지구중심의 우주이론
을 주장하였다. 그의 이론은 프톨레마이오스의 지구중심이론(천동설)
과 코페르니쿠스의 태양중심이론(지동설)을 절충한 이론이다. 그의
죽음에 대해서 신장질환 사망설과 연금실험으로 인한 약품중독 사
망설 등이 최근에 대두되고 있다.

7. 후스파 후예들의 교회(체코형제복음교회) 총회본부,

'후스의 집'(Husův dům, Českobratrské církve evangelické)

(주소: Jungmannova 22/9 Praha 1, GPS: 50.0802531N, 14.4216694E)

융만노바 거리 9번지 건물 정면에 후스의 집(Husův Dům)이라고 씌어 있는 라디슬라브 코프라넥이 만든 후스의 동상이 서 있다. 이 동상은 후스파의 상징인 성찬잔을 잡고 있으며, 대학에서 후스의 역할을 기억나게 하는 가운을 입고 있다. 동상 왼편에는 그리스어인 알파와 오메가가 찍힌 성경이 펼쳐져 있고, 오른편에 형제단의 정신적 유산을 상징하는 깃발을 든 어린양의 체코 종교개혁 상징이 함께 있다.

거리와 면해 있는 건물은 1918년에 체코형제개혁교단에 합류한 '관용의 개혁교회 교인들로 구성된 협회'가 1915년에 재건축하였다. 이곳은 1924년 5월 1일 후스의 집이라는 이름으로 개방되었으며, '학생들과 젊은 예술가들 그리고 노동자들'을 위한 사회센터로 계획되었다. 또한 이곳은 복음주의 선교정신을 구현한 단체들의 활동과 강의를 위한 장소로 사용되었다.

'후스의 집' 위층에 위치한 '후스 학생의 집'이 1919년에 '후스 신학부'라고 새롭게 명명된 개혁신학부 학생들을 위한 장소로 주어졌다. 1937년에 마당 안쪽에는 5층짜리 다른 건물이 지어졌고, 그 안에 체코형제개혁교단의 중앙 사무실과 도서관, 박물관이 자리 잡게 되었다. 앞 건물의 3개 층은 1953년에 '코메니우스 신학부'라고 이름이 바뀐 후스 신학부가 사용하면서, 뒤 건물의 커다란 강의실도 도서관으로 사용하도록 빌려주었다.

후스의 집 측과 신학부 사이의 이러한 조정은 신학부가 1990년에 카렐 대학교에 소속되고 체르나(Černá) 거리 9번지에 있는 '마라톤'(Marathon)이라는 새 대학교 건물로 이사 가는 1994년까지 계속되었다.

후스의 집은 현재 85년이 넘는 역사를 가지고 있는 체코형제개혁교단의 출판사와 책방이 앞 건물 왼쪽 맨 아래층에 위치하고 있으며, 오른쪽에는 1999년부터 이곳 책방 이름을 따서 지금까지 똑같이 칼리흐(Kalich)라 불리는 극장 사무실이 자리 잡고 있다. 극장에서는 고전적 주제의 뮤지컬을 공연하고 있다. 앞 건물의 일부는 '예로님 콜

리기움'라고 불리는 기관에 빌려주었고, 제일 꼭대기에 있는 교회 게스트하우스는 프라하를 방문하는 교회 관계자들을 위한 숙소로 사용하고 있다.

후스의 집 마당 안 오른쪽 벽에 요세프 2세에 의한 관용의 칙령(Toleranční patent) 공표 200주년 기념현판이 붙어 있다. 이 현판에는 보헤미아와 모라비아에서, 초기 체코 개혁교도 후예들에 의해 생긴 첫 교회들의 명단을 기록하고 있다. 스위스 개혁 신앙고백 공동체 59개 교회와 독일 루터 신앙고백 공동체 20개 교회 이름 위에 다음과 같은 짧은 글이 적혀 있다. "고난의 시기에 종교개혁의 유산을 지켜온 사람들과, 헝가리, 슬로바키아에 새롭게 세워진 개혁교회 출신 설교자들을 기억하면서……." 그 밑에는 체코형제개혁교단의 상징인 성찬잔과 성경이 있다.

뒤 건물에는 독서실을 갖춘 도서관이 있고, 「체코 형제」(cesky bratr)라는 이름의 교회잡지와 젊은이들의 잡지 「형제애」(bratrstvo)의 편집실도 위치해 있다. 2000년에는 전체 건물을 대대적으로 수리하면서 넓은 지하실에 최신식 설비를 갖춘 교회기록보관소를 만들었다.

8. 후스의 믿음의 동역자 예로님 프라주스키의 집

(Dům M. Jeronýma Pražského)

(주소: Řeznická 672/1 Praha 1, GPS: 50.0782164N, 14.4217744E)

후스의 집(융만노바 거리 9번지)에서 나와 오른쪽으로 융만노바 거리 끝까지 가다 보면 보디츠코바(Vodičková) 거리 전찻길을 만나는데 그 길을 건너간다. 카렐 광장(카를로보 나미예스티, Karlovo Namesti) 방향으로 왼쪽에 우 르제치츠키흐(U Řečických)라고 씌어 있는 오래된 건물을 보게 될 것이다. 시민봉기 시기인 1621년에 구시가 광장에서 처형된 이지 제치츠키가 이 집의 주인이었다.

　좀 더 앞으로 가다가 두 번째 거리, 즉 르제즈니츠카(Řeznická) 입구 1/672번지 건물 앞에 선다. 제즈니츠카 거리 쪽에 우 모드레호 르바(U Modrého lva)라는 저택이 있는데 거기에 예로님 프라주스키(Jeroným Pražský)의 기념현판이 붙어 있다. 예로님 순교 500주년인 1916년에, 콘스탄츠 연합 프라하 지부에서 프란티섹 빌렉이 만든 기념현판을 이 건물에 만들어 붙였다. 이 현판에는 콘스탄츠에서 화염에 싸인 장작더미 한가운데 대학 가운을 입고 가슴에는 성경이 그려져 있는 예로님을 묘사하고 있다. 기념판에는 다음과 같이 적혀 있다. "마스터 예로님 1416년 5월 30일 타오르는 말뚝의 화염 속으로 사라지다." 또한 동판 가장자리 부근에는 이러한 헌사가 적혀 있다. "후스에게는 믿음의 동역자, 진리의 수호자, 예수의 증인."

　밖으로 나온 2층 창에는 체코 종교개혁을 생각나게 하는 2개의 다른 조각상이 있다. 왼쪽에 얀 후스, 오른쪽에 포데브라드의 이지이다. 이 2개의 조각상 사이에 어린이를 향하여 몸을 굽히고 있는 교사 코메니우스의 초상화를 돋을새김(릴리프)해 놓았다.

　예로님 프라주스키는 부유한 소작농으로 1380년경에 태어났다. 그는 교양문학 석사학위를 받고 카렐 대학을 졸업한 후에 옥스퍼드에서 학업을 계속했으며, 거기에서 존 위클리프의 가르침을 알리기 시작했다. 1402년에 그는 프라하로 위클리프의 글들을 가지고 왔고, 그와 그의 친구 얀 후스는 대학을 통해 영국 개혁자들의 중요한 이론들을 전하며 교황 지지자들과 맞섰다. 뛰어난 지각을 가진 사상가

겸 웅변가였던 그는 파리, 쾰른, 하이델베르크, 크라코프, 비엔나에 있는 대학에서 개혁에 관한 위클리프의 생각을 알리기 위해 노력하였다. 그러나 이러한 활동 때문에 가톨릭 종교재판은 그를 이단자로 몰았다.

1412년 고향에서 교황의 면죄부 판매에 대한 저항에 참여했고, 1415년 봄, 그는 종교재판에서 그의 친구 얀 후스를 돕기 위해 증언하였다. 그러나 예로님도 투옥되었고, 위험한 반역자로 종교재판에 회부되었다. 오랜 감옥 생활과 긴 심문으로 그는 심히 연약해져서 후스의 주장을 포기하기도 했으나, 잠시 후 다시 후스는 진리의 증인임을 선언하였다. 하지만 1년도 못 되어 1416년 5월 30일에 콘스탄츠에서 말뚝에 묶여 화형당했다.

9. 후스 순교 기념집회가 열린 곳, 구시가 다리탑

(Saroměstská Mostecká věž)

(주소: Saroměstská Mostecká věž, Praha 1, GPS: 50.0861639N, 14.4135250E)

구시가 다리탑(Staroměstská Mostecká věž)은 십자가 광장(Křižovnického náměstí) 경사진 제방 위에 서 있고, 카렐 다리로 들어가는 문 구실을 한다. 1342년 홍수로 무너진 유디틴 다리를 대신하여 카렐 4세의 명령으로 지은 새 돌다리의 첫 번째 교각 옆에 1357년 페트로 파를레르시(Petr Parléř)가 이 탑을 세우기 시작했고, 1380년이 되어서야 완공

되었다. 광장과 반대편(즉 다리 쪽)에는 축복을 빌어 주는 이 다리의 수호성인인 성 비트 동상과 그 앞에 2명의 설립자 조각상이 서 있다.

다리탑과 체코 종교개혁과의 관련성은 연대기 기록자들의 글 속에 언급되어 있다. 후스 전쟁 중에 얀 후스 순교일 전날 기념집회가 여기에서 매년 열렸다. 불타는 말뚝 주위로 많은 사람이 모여 기념 총포를 쏘고 노래를 부르며, 기념 연설을 했다. 이러한 전통은 체코슬로바키아 제1공화국 때 전국적으로 부활되었다.

이 탑은 백산전투 후에 악명이 높아졌는데, 전투에서 패배한 지도자(개신교 지도자) 11명의 목을 구시가에서 잘라, 경고의 의미로 10년 동안 끈에 묶어 탑에 매달아 놓았다. 당시 쉴릭 백작의 머리만 가족들의 요청으로 내려지고, 그의 몸은 1622년 개신교 살바토르 교회에 매장되었다. 처형된 귀족들 중 나머지 유골은 1631년 색슨족이 보헤미아를 침공하던 시기에, 프라하로 돌아온 개신교도들에 의해 내려졌다. 틴 성당까지 시가지를 통과하는 엄숙한 행렬이 있은 후, 드라조브의 마르티니우스(S. Martinius z Dražova)가 그곳에서 장례 설교를 했고, 유골들은 살바토르 교회에 완전히 매장되기 전에 임시로 카롤리눔에 안장되었다.

30년 전쟁 마지막 해에, 구시가 다리탑에서 큰 전투가 벌어졌다. 그때에 체코인 추방자들이 포함되어 있던 스웨덴 개신교 군인들이, 카렐 다리를 넘어 구시가로 들어가려고 시도하였다. 이어진 격렬한 싸움 끝에, 예수회의 J. 플라히(J. Plachý)가 인도하던 카롤리눔 학생들과 시민들의 방해로 스웨덴 군인들이 밀려나게 되었는데, 싸우는 중에 1648년 10월 24일 베스트팔렌 조약으로 평화의 소식이 스웨덴 군인 사이에 전해지면서 전쟁은 끝났다.

다리와 마주하고 있던 원래의 화려한 정면 부분은 전쟁 중에 파괴되었다고 1650년 만들어진 기념동판에 적혀 있다. 카렐 다리로 걸어가기 전에, 다리탑 남쪽 블타바 강 제방을 내려다보면서 이곳에 중세시대 때 쓰레기들과 벽돌로 가득 찬 폐허가 된 물레방앗간이 서 있었던 것을 상상해 보라. 1609년 발표된 루돌프 황제 헌장 때까지 법의 보호를 받지 못했던 체코형제단이 거기서 비밀모임을 가졌다.

프라하를 여행하는 사람들에게 특히 인기 있는 카렐 다리를 향하여 다리탑의 문을 통과해 걸어가 보자. 이 다리는 1870년까지 설립자 카렐 4세의 이름을 따르지 않고 그냥 간단하게 '프라하 다리'라고 불렸다. 1357년에 (구 유디틴 다리와 거의 비슷한 자리에) 단단한 사암벽돌로 새 다리를 짓기 시작했으나 15세기 초에야 비로소 완성되었다. 건축장 페트로 파를레르시(Petr Parléř)가 죽은 후, 그 세기 말까지 수차례의 홍수로 손상을 입어 왔으나 고딕양식의 원래 다리는 그대로 유지되었다(520m의 길이, 10m의 폭, 물을 버티는 16개의 교각 등).

카렐 다리(Karlův most)는 재가톨릭화 시기에 30개의 동상과 가톨릭 성인들의 조각군으로 장식되었다. 1683년에서 1714년 사이에 세워진 대부분의 조각들은 마타아시 브라운과 브로코프 형제들의 작업장에서 만들어진 것이다. 다리 오른쪽 8번째 교각 중간에 세워진 성 얀 네포무츠키 동상은 가장 오래된 것들 중 하나이다. 기념동판에 따르면 1393년 그는 이 지점에서 블타바 강에 던져졌다고 한다.

카렐 다리 끝에서 소지구의 다리탑(Malostranské Mosteckévěž)에 도달하게 된다. 왼쪽(남쪽)의 낮은 탑은 루돌프 2세 때 지었던 유디틴 다리의 잔해로 만들어진 것이다. 오른쪽(북쪽)의 높은 탑은 1464년, 포데브라디의 이르지(Jiří z Poděbrad) 통치 기간 중에 유디틴 다리의 두 번째 탑이 있던 자리에 만들어졌다. 두 탑의 건축과 장식은 구시가 다리탑과 똑같이 디자인되었다. 구 로마네스크 구조로 된 두 탑 사이의 출입문은 1411년에 세워졌으며, 구시가의 문장과 바츨라프 4세의 투구 장식물들로 장식되어 있다. 바츨라프 4세 때 비로소 모든 다리구조가 완성되었다.

10. 후스 기념 동상

(주소: Pomník Mistra Jana Husa, Staroměstské náměstí, Praha 1, GPS: 50.0877258N, 14.4211267E)

　1915년 구시가 광장 북동쪽에 후스 화형 500주년에 세워진 후스의 동상이다. 후스 동상은 제1차 세계대전이 한창이었던 1915년, 전체코인의 재정적 헌신이 뒷받침되어 건립되었다. 얀 후스 상은 마치 타오르는 불길 속에서 걸어 나와 상징적인 두 그룹 사이에 우뚝 서 있는 것 같은 형상이다. 그의 왼편에는 성배 문양이 새겨진 커다란 방패를 들고 있는 후스 전사들 그룹이 있고, 오른편에는 반종교 개혁 시대 때에 조국에서 쫓겨난 추방자들 그룹이 웅크리고 있다. 그 뒤에는 얀 아모스 코멘스키가 그의 작품 "유언"에 표현했던 희망을 상징하는 아이를 안고 있는 어머니상이 있고, 동상 뒤쪽에는 그의 말이 새겨져 있다. "나의 민족이여 부디 살아남으십시오. 당신의 나라가 당신에게로 돌아올 것입니다." 동상 앞면에는 후스가 콘스탄츠(Konstanz) 감옥에서 보낸 편지 "신실한 모든 체코인에게"의 한 문구가 새겨져 있다. "서로 사랑하십시오, 그리고 모든 이에게 진리가 있도록 하십시오."

후스기념물을 제작한 작가 라디슬라프 살로운(Ladislav Šaloun)의 작품이 후스에 관한 정신을 잘 나타내 주는 대표적인 사례로 주목받고 있다.

"강인했던 후스는 이전보다 더욱 강하게 콘스탄츠의 화염 속에서 깨어났다. 그의 육체는 타버렸지만 그의 정신은 살아남았다. 그의 명성은 체코 역사의 정신과 생명이 되었다. 후스의 순교로 인류는 진리로 향하는 길과 인식의 자유를 획득하게 되었다. 후스 봉기는 최초의 위대한 혁명이었고, 그 안에서 인류는 중세의 종교적 압제의 멍에를 벗어버릴 수 있었다. 이는 본질적이고 정신적인 선을 위한 작은 민족의 거대한 투쟁이었다. 새로운 삶으로 나가는 힘 있는 첫걸음으로, 서방에서는 이 모든 근대적 진보에 빚을 지게 된 것이다. 작은 체코 민족이 이러한 진보를 홀로 이루어냈다는 것은 후에 실패의 뿌리도 함께 있었다는 것을 부인할 수 없다. 거대한 중세 유럽 가톨릭 세력과의 싸움에서 힘을 다 소진하고 200년 후 결국 적들의 음모에 의해 1620년 마지막 공격에서 무릎을 꿇고 말았다."

※이 글은 이르지 오테르의 책(Prahou po stopách české reformace, 2001)을 김진아가 번역한 『걸어서 가보는 프라하 종교개혁 이야기』(한국장로교출판사, 2012)에서 발췌 정리하였다.

아, 프라하의 봄이여!

고무송 목사(한국교회인물연구소 소장)

"부활의 산 소망 되시는 주님의 이름으로 문안드립니다. 언제나 격려와 사랑이 담뿍 담긴 서신을 보내주셔서 저희 가족들에게 기쁨과 용기가 되고 있습니다. 순교자 토마스 목사님 논문은 잘 진행되는지요? 저희는 목사님의 격려와 기도로 잘 지내고 있습니다. 현우는 이곳 국민학교 3학년에 다니며 열심히 친구들과 놀고 있습니다. 며칠 전에는 한 주간 학교에서 자연학습을 하느라 말 안 통하는 친구들과 집 떠나 함께 지내다가 돌아왔습니다. 제 아내는 체코 말 배우는 일이 재미있다지만 힘이 드는지 살이 조금 빠져 보기 좋습니다. 저는 언어 배우는 일과 한인교회에서 설교를 하고 있습니다. 조금 시간이 흘러야 모든 것이 자리 잡힐 것 같습니다. 가족들과 함께 지내는 즐거움은 있으나 은근히 걱정스러움도 있습니다. 제가 언어부터 시작하여 모든 일에 미진하여 가족들을 고생시키는 것도 미안한 마음이 들구요. 그러나 제 아내도 현우도 이곳 생활을 기뻐하고 있어 감사할 뿐입니다. '프라하의 봄'은 가히 환상적입니다. 이렇게 아름다운 날씨를 본 적이 없습니다. 바람 한 점 없이 화사하게 쏟아지는 햇볕을 받으며 겨우내

움츠렸던 몸과 마음을 녹이고 있습니다."

1994년 4월 24일 프라하에서 이종실 목사가 런던에서 논문 집필 중이던 필자에게 보내 온 편지 한 토막입니다. 체코 선교사로 파송을 받고 이제 막 가족들과 함께 새출발을 시작하는 모습인데, "언어부터 시작"했다는 대목이 눈에 띕니다. 그러구러 20년 세월이 흘렀습니다. 그런데 그토록 어렵다는 체코어로 된 신학서적을 이 목사가 번역해냈습니다. 놀랍습니다. 그동안 언어와 씨름하느라 얼마나 수고했을까요. 사실 후스에 관한 책을 번역하고 있다는 얘기를 들었던 것은 꽤 오래전이었습니다만, 후스 순교 600주년에 맞춰 번역을 마치게 된 것입니다. 진심으로 축하를 드립니다.

얀 후스(Jan Hus, 1372-1415. 7. 6.)

얀 후스는 1372년 보헤미아 남부 후시네츠에서 출생, 프라하 대학교에서 신학과 문학을 배우고, 교수로 활동했습니다. 1402년 베들레헴 채플의 설교자가 되었고, 일찍이 교회갱신에 대한 개혁적인 노력에 앞장서게 됩니다. 일반대중 설교가로서, 체코의 영적인 찬송 보급자로서, 급진적인 개혁을 추진하는 동안 체코 국민들에게 큰 영향력을 끼치게 됩니다. 그는 철학자로서 프라하 대학 총장까지 역임한 신학자였습니다. 영국의 종교개혁자 존 위클리프(John Wycliffe, 1320-1384)의 영향을 받은 그는 성서를 유일한 권위로 인정하고, 교황을 비롯한 고위 성직자들의 이른바 성직매매(聖職賣買) 등 세속화를 강력히 비판했습니다. 1412년, 후스는 마르틴 루터(Martin Luther, 1483-1546)보다 100년 앞서 공개적으로 교황의 면죄부판매(免罪符販賣), 성직매매(聖職賣買)와 당시 교회의 부패에 맞섰습니다. 그 때문에 교황에 의해 교회로부터 추방을 당하고 프라하에서 설교하는 것이 금지됐습니다. 2년간 지방에서 유배생활을 하는 동안 빈들에서 큰 무리에게 설교했으며, 동시에 풍성한 집필활동을 했습니다. 그의 대표적인 저술은 교황권에 대한 신랄한 비판을 담은 내용이었습니다. 그는 저서와 설교에서, 모든 삶의 영역에서, 하나님의 말씀에 입각한 올바른 믿음의 필요성을 강조했습니다. 복음진리에 대한 믿음 때문에 후스는 콘스탄츠(Constanz)에서 재판을 받고 이단으로 정죄되어 1415년 7월 6일 화형에 처해졌습니다.

순교자(殉教者 Martyr)

이종실 목사가 개혁자 얀 후스에 관한 권위 있는 책 번역을 끝냈다는 소식을 듣고, 여간 기쁜 것이 아니었습니다. 그런데 막상 저한테 추천사를 써주시라는 부탁을 받았을 땐 앞이 캄캄했습니다. 왜냐하면, 저는 순교자에 너무 심취돼 있는 사람이었기 때문이었습니다. 무슨 얘기냐고요? 저는 평생토록 순교자 토마스(R. J. Thomas, 1839-1866)에 대해 연구했고, 지금도 저의 영혼은 온통 순교자 토마스에 푹 빠져 있거든요. 그러기에 저같이 미천한 사람에게 순교자 후스에 관한 책의 추천사를 꼭 써야 한다고 부탁을 한 것 같긴 합니다. 그렇지만 저는 순교자의 삶이 얼마나 처절한 것인가에 대해 깊이 느끼고 있어 토마스 한 분으로 족하다 생각하고 있는 터에 순교자 후스를 더불어 생각해야 한다는 것이, 솔직히 조금은 감당하기 힘든 것이었습니다. 그러면서 그날 그때 그곳 프라하 광장이 떠오르기도 하는 것이었습니다. 화형으로 순교한 후스의 동상이 서 있던 그 프라하 광장 말입니다. 이 목사의 안내를 받아 프라하를 둘러보던 그날 그곳에서의 느낌이 불현듯 평양을 찾아갔을 때, 대동강변 토마스 목사 순교 현장에서 느껴야 했던 느낌과 오버랩되는 것이었습니다. 프라하와 평양 사이, 그것은 지구 이편 끝과 저편 끝에 이르는 거리의 간격과 함께 500년이 넘는 시간 간격이 있습니다. 많은 세월이 흘러 후스는 루터, 칼빈, 츠빙글리 등등 종교개혁으로 이어졌고, '프라하의 봄'으로 피어나기도 했습니다. 한편 토마스는 1907년 평양대부흥운동을 촉발, 요원의 불길처럼 삼천리강산에 복음의 불을 지폈습니다. 그러나 평양은 아직도 어둠 속에 묻혀 있습니다. 언제쯤 '평양의 봄'은 '프라하의 봄'처럼 피어나게 되는 것일까요? 우리는 초대교회 교부 터툴리안(Tertullian, 160-225)의 피맺힌 절규를 기억하고 있습니다.

"순교자의 피는 교회의 씨앗이다."

육성(肉聲 Human Voice)

이 책은 숙독(熟讀)에 상당한 인내를 요구하고 있습니다. 쉽게 책장이 넘어가지 않습니다. 어둡고 칙칙하기 때문이기도 하지만, 후스가 활동했던 시기는 지금으로부터 600년이나 경과했고, 여기는 동양(東

洋)이요, 거기는 지구 반대편 서양(西洋)이라는 편차가 존재합니다. 그러나, 그때 거기나 지금 여기에서나 교회(敎會)의 부조리는 그리 큰 편차가 존재하지 않으리만큼 심각한 문제를 내포하고 있는 것 아닐까요? 그러므로 이 시대 여기에도 또 다른 후스가 필요하기 때문이 아닐까, 그런 생각에서 쉽사리 놓여나지 않습니다. 더욱이나 본서의 저자는 후스로 하여금 직접 말하게 함으로써(Let Hus speaks!) 그의 가감(加減)없는 피맺힌 육성(肉聲)을 듣고 있는 것 같기만 합니다.

> "후스와 만나기 위해 특별히 그로 하여금 말하게 하고,
> 그리고 그의 글들을 읽는 것이 필요하다."(I. 서론(序論) 중에서)

고백(告白 Confession)

저자는 이 책을 세 부분으로 구성해 놓고 있습니다. 첫째 후스 자신의 진술, 둘째 후스의 업적, 셋째 후스에 관한 평가입니다. 여타의 평전과는 다르게 저자는 후스의 진솔한 증언을 가감 없이 제시해 놓고 있습니다. 후스로 하여금 가난했던 어린 시절을 솔직하게 털어 놓도록 하고 있습니다.

> "내가 어린 시절 배고팠을 때, 흘레바(역자주: 체코인들이 일반적으로 먹는 호밀식빵)로 숟가락을 만들어 콩수프를 떠서 먹다가 다 먹으면 그 숟가락도 먹어 치워야 했다."
> "나는 자신의 악한 욕망 때문에, 어렸을 때 빨리 사제가 되어 좋은

집에서 살며 화려한 옷을 입고 사람들의 존경을 받으려고 했다. 그러나 성경을 깊이 알게 되면서 그것이 악한 욕망임을 깨닫게 됐다."

한국 교회 성직자들이여, 후스의 솔직한 고백에 삼가 옷깃을 여며야 하지 않겠는가. 배고픔을 면키 위해, 더러는 '좋은 집'과 '화려한 옷'을 위한 신분상승(身分上昇) 수단으로 성직(聖職)을 추구하고 있지는 않는가? 교회를 사유화(私有化), 세습(世襲)과 대형교회(大型教會) 지향을 모색하고 있는 것은 아닌가? 특별히 후스가 한국 교회 성직자들에게 신랄한 메시지를 보내고 있는 것처럼 들립니다.

"나는 하나님의 이름으로 당신들(한국 교회 성직자들)에게 요청합니다. 유감스럽게도 내가 입고 있는 멋진 예복을 좋아하지 마십시오. 그대들(한국 교회 성직자들)의 설교를 듣는 겸손한 백성들에게 나쁜 모본을 보이지 마십시오."

"진실로 저는 두려워 떨지 않으면 안 됩니다. 그러나 저뿐만 아니라 여러분(한국 교회 성직자들) 모두가 그래야 합니다. 모두가 오직 하나님의 자비하심을 기대하여야 하고, 어느 누구도 자신의 힘을 믿고 자만해서는 안 됩니다."

메시지(Message)

후스는 성직자뿐만 아니라 각계각층의 모든 사람에게 진정어린 메시지를 던져 주고 있습니다.

"특별히 하나님의 말씀을 섬기는 사제들은 선한 태도로 사랑하고 찬양하고 존중하십시오. 교활한 사람들, 특별히 선하지 않은 사제들, 즉 '양의 옷을 입고 속에는 노략질하는 이리'라고 구세주가 말씀하신 사제들을 주의하십시오."

"영주 여러분, 가난한 백성들을 자비롭고 바르게 다스리십시오."

"시민 여러분, 여러분의 상점을 바르게 운용하십시오."

"농노 여러분, 여러분의 영주들을 신실하게 섬기십시오."

"선생님 여러분, 좋은 삶을 살면서 학생들을 신실하게 가르치십시오. 가장 우선 하나님을 사랑하도록, 하나님을 찬양하는 것과 마을의 유익과 자신의 구원을 위해 가르쳐야지, 세속적 욕망과 부요함을 위해서 가르치지 마십시오."

"학생 여러분, 선생님에게 잘 순종하고 따르십시오. 하나님의 영광과 자신과 타인의 구원을 위해 열심히 공부하십시오."

편지(便紙 Letter)

1994년 6월 15일자로 필자가 이종실 목사에게 보낸 답신(答信) 편지(복사본) 뭉치를 찾아냈습니다. 어느새 20년이 훌쩍 흘러간 세월 속에 이 목사님 내외분은 귀한 며느님도 맞으셨고, 예쁜 손주도 얻으셨고, 요즘은 손주 재롱에 세월 가는 줄 모르는 것 같습니다 그려. 지금은 손편지를 주고받는 세상이 아니라, 이메일로 달랑 암호처럼 안부

몇 마디 주고받는 세상이니, 도무지 남겨지는 것이 없기 마련입니다. 세월이 흘러도 언제나 변함없으신 이 목사님 내외분의 사랑을 되새겨 보려고 노랗게 탈색한 편지 뭉치를 뒤적여서 답신을 찾아냈답니다. 그리고 이 목사님 내외가 즐겨 부르셨던, 시인 고은(高恩) 님의 아름다운 시구(詩句)에 곡을 붙여 한국 최초 여성 샹송가수 최양숙 님이 불렀던 '가을편지', 바로 그 노래를 함께 부르고 싶기도 하고요.

가을엔 편지를 하겠어요
누구라도 그대가 되어 받아주세요
낙엽이 쌓이는 날
외로운 여자가 아름다워요

가을엔 편지를 하겠어요
누구라도 그대가 되어 받아주세요
낙엽이 흩어진 날
모르는 여자가 아름다워요

가을엔 편지를 하겠어요
모든 것을 헤매인 마음 보내드려요
낙엽이 사라진 날
헤매인 여자가 아름다워요

이 목사님, 귀한 책 한국어로 번역하시느라 참 많이 수고했습니다. 후스 사제께서 얼마나 좋아하실까요. 빛바랜 편지 펼쳐보면서, 그때 거기 프라하 광장 후스 동상 앞에서 우리 내외랑 함께 찍었던 '한참 젊었던 그 시절' 멋진 사진도 살짝 꺼내 보고 있답니다. 아, 프라하의 봄이여!